Scriptor Praxis

VERENA HAIDER/EVA PERTZEL/
IRIS SCHMIEG/ANNA ULRIKE SCHÜTTE

Inklusiv unterrichten: Jedem Schüler gerecht werden

Mit Lernschwierigkeiten und ihren Ursachen umgehen

Cornelsen

Die Autorinnen:

Verena Haider, Diplom-Psychologin, Kinder- und Jugendlichenpsychotherapeutin, niedergelassen in freier Praxis in Soest seit 2012

Eva Pertzel, wissenschaftliche Referentin, Unterrichtspraxis an verschiedenen Schulen in den Fächern Deutsch und Sozialwissenschaften/Politik

Iris Schmieg, Diplom-Psychologin, Psychologische Psychotherapeutin, Ergänzungsqualifikation Kinder- und Jugendlichenpsychotherapeutin, arbeitet in der LWL-Universitätsklinik Hamm, Klinik für Kinder- und Jugendpsychiatrie

Dr. Anna Ulrike Schütte, wissenschaftliche Referentin, Unterrichtspraxis an verschiedenen Schulen in den Fächern Deutsch und Geschichte

Projektleitung: Gabriele Teubner-Nicolai, Berlin
Redaktion: Marion Clausen, Berlin
Umschlagkonzept: Kerstin Zipfel, München
Umschlaggestaltung: LemmeDESIGN, Berlin
Umschlagfoto: ©koszivu – Fotalia.com
Illustrationen: Steffen Jähde, Sundhagen, S.151; Antje Kahl, Berlin, S. 143
Layout und technische Umsetzung: fotosatz griesheim GmbH, Griesheim

www.cornelsen.de

1. Auflage 2015

Druck: CPI – Clausen & Bosse, Leck

ISBN 978-3-589-16052-5

Inhalt gedruckt auf säurefreiem Papier aus nachhaltiger Forstwirtschaft.

Inhalt

Webcode: Sie können die Kopiervorlagen aus dem Internet als pdf-Datei herunterladen. Sie finden dazu eine Zahlenkombination jeweils unten auf der Buchseite. Geben Sie diese unter www.cornelsen.de/webcodes ein.
Achten Sie bitte darauf, dass beim Ausdrucken bei Seitenanpassung „In Druckbereich einpassen“ aktiviert ist, damit Sie eine DIN-A4-Seite bekommen.

Vorwort

Was ist Inklusion?

Das Grundprinzip von Inklusion ist einfach erklärt: Kinder und Jugendliche – mit und ohne Handicap – besuchen *eine* Schule mit dem Ziel der gemeinsamen Erziehung; dabei können alle Kinder und Jugendlichen sehr viel voneinander lernen.

Schaut man sich Broschüren zum Thema „Inklusion“ an, sieht man oft Kinder im Rollstuhl, die von anderen Kindern umringt sind. Doch Inklusion bedeutet mehr: Es umfasst allgemein die Unterschiedlichkeit von Schülerinnen und Schülern in Interessen, Wissen, Fähigkeiten und Fertigkeiten, Familienhintergrund, Erstsprache und auch Begabung bzw. Beeinträchtigung. Dieser weite Inklusionsbegriff spiegelt die Heterogenität der Gesellschaft wider, die in der Schule und im Unterricht nutzbar gemacht werden kann.

Ist jetzt alles neu in der Schule?

Kinder und Jugendliche, die zuvor anders beschult wurden, finden sich nun in Ihrer Klasse wieder. Aber keine Sorge: Mit den meisten können Sie so umgehen wie mit den übrigen Schülerinnen und Schülern.

Legt man einen weiten Inklusionsbegriff zugrunde, also nicht nur die Betrachtung von Kindern und Jugendlichen mit sonderpädagogischem Unterstützungsbedarf, haben Sie als Lehrkraft immer schon mit besonderen Schülerinnen und Schülern gearbeitet.

Anders als früher kommen jetzt aber mehr Kinder mit sonderpädagogischem Unterstützungsbedarf an allgemeinbildende Schulen. Zusätzlich bemerken Kollegien in Schulen, dass der Anteil „schwieriger“ Schülerinnen und Schüler zunimmt. Deshalb stehen Sie und viele andere Lehrkräfte in ihrer alltäglichen Arbeit vor folgenden Fragen:

- Wie können nicht speziell psychologisch und sonderpädagogisch ausgebildete Lehrerinnen und Lehrer mit diesen Herausforderungen im Unterricht umgehen?
- Welche Handlungsmöglichkeiten stehen ihnen zur Verfügung?
- Wie können sie Eltern entsprechend beraten?
- Wie können sie mit besonderen Schülern *agieren,* statt nur auf sie zu *reagieren?*

Was ist zu tun?

Oft werden Sie als Lehrkraft einer allgemeinbildenden Schule mit Kolleginnen und Kollegen mit psychologischer und sonderpädagogischer Expertise zusammenarbeiten oder diese zumindest zu Rate ziehen können. Doch in Schul- und Unterrichtssituationen werden Sie mit Problemen konfrontiert, die Sie selbst akut lösen müssen.

Daher ist es hilfreich, sich über gängige Problemstellungen zu informieren, damit Sie auf herausfordernde Situationen souveräner reagieren können. Im Hinblick auf Herausforderungen, die auf psychische Störungen und sonderpädagogischen Förderbedarf zurückzuführen sind, gibt es Besonderheiten, die Sie kennen sollten.

Warum dieses Buch?

Das Buch will Ihnen Hilfestellungen aus **psychologischer und schulpraktischer Perspektive** geben. Weil im Buch ein weiter Inklusionsbegriff zugrunde gelegt wird, beziehen sich die Ausführungen insbesondere auch auf Kinder und Jugendliche mit psychischen Störungen, wie sie teilweise schon vor der Inklusion auch in Lerngruppen an Regelschulen vorzufinden waren, und nicht nur auf Kinder und Jugendliche, die bislang speziell von sonderpädagogischen Fachkräften betreut wurden.

Das Buch ist als Nachschlagewerk angelegt und bietet ausführliche Informationen über verbreitete **psychische Störungen** und einen kurzen Überblick zu den sonderpädagogischen Förderschwerpunkten, wie sie von der Kultusministerkonferenz definiert sind.

Das Ziel des Buchs ist, Ihnen konkrete Hilfen für den Umgang mit den besonderen Schülern im Hinblick auf Unterrichtsorganisation und Lehrerverhalten sowie für die Zusammenarbeit mit Eltern zu geben.

Denn eine Sache steht fest: Inklusion kommt auf Sie zu! Gehen Sie souverän damit um!

November 2014

Verena Haider
Eva Pertzel
Iris Schmieg
Anna Ulrike Schütte

Rechtliche Grundlagen

Jeder Mensch hat ein Recht auf Bildung! Dieses Recht wurde erstmals 1948 in der Allgemeinen Erklärung der Menschenrechte in Artikel 26 international anerkannt. Ein Meilenstein auf dem Weg zur inklusiven Bildung war die **Salamanca-Erklärung der UNESCO** im Jahr 1994: Sie enthält die nachdrückliche, aber rechtlich noch nicht verbindliche Forderung, Bildungssysteme inklusiv zu gestalten.

Im Jahr 2008 bestätigten die Teilnehmerinnen und Teilnehmer der Weltbildungsministerkonferenz dies und forderten in der Abschlusserklärung die Mitgliedstaaten auf, inklusive Bildung in ihrem Land zu ermöglichen.

Deutschland hat sich – neben anderen Staaten – im Jahr 2009 im Rahmen der Ratifizierung der UN-Konvention über die Rechte von Menschen mit Behinderungen[1] verpflichtet, inklusive Bildung umzusetzen.

Für Sie als Lehrerin oder Lehrer ist wohl der wichtigste Artikel dieser Konvention Artikel 24, der das Recht auf einen gemeinsamen Unterricht *aller* Schülerinnen und Schüler beschreibt.

Für die UNESCO ist Bildung für alle Menschen der Schlüssel zu individueller und gesellschaftlicher Entwicklung. Deshalb setzt sie sich dafür ein, dass alle Menschen an qualitativ hochwertiger Bildung teilhaben und damit ihre Potenziale entwickeln können. Umsetzen kann man dieses Recht auf inklusive Bildung nur in einem inklusiven Schulsystem.

Ohne inklusive Schule keine inklusive Gesellschaft

Ein verbindliches Ziel der UN-Behindertenrechtskonvention ist demzufolge der Aufbau eines inklusiven Bildungssystems. Natürlich gilt es für alle Bildungseinrichtungen, ob Kindergarten oder Universität, aber insbesondere für Schulen, die ja einen Großteil der Bildungsbiografie von Menschen in Deutschland ausmachen. Schulen kommt daher eine besondere Verantwortung zu, weil ohne inklusive Schulen keine inklusive Gesellschaft möglich ist.

Bundesweite Regelungen

Seit Inkrafttreten der UN-Behindertenrechtskonvention für Deutschland im Jahr 2009 muss sich das Schulrecht aller Bundesländer an den Vorgaben

1 Vgl. UN-Behindertenrechtskonvention vom 13. Dezember 2006, Deutsches Institut für Menschenrechte, „Übereinkommen über die Rechte von Menschen mit Behinderungen – Behindertenrechtskonvention (Convention on the Rights of Persons with Disabilities – CRPD)", Resolution 61/106 der Generalversammlung der Vereinten Nationen

dieser Konvention orientieren und sie umsetzen. Dies ist die Aufgabe der jeweiligen Landesregierungen. Darüber hinaus ist nicht nur die Schulpolitik gefragt, sondern bundesweit z. B. auch die Haushalts- und Baupolitik.

Durch entsprechende rechtliche Setzungen beziehungsweise Veränderungen soll die Umgestaltung der Schule gewährleistet werden. Dies sind Schritte hin zu einem inklusiven Schulsystem, allerdings bedarf es dazu eines weiteren Aspektes, der Voraussetzung für das Gelingen von Inklusion ist: eine positive Haltung und Einstellung gegenüber allen Menschen mit und ohne Handicap.

Deutschland hat sich dazu verpflichtet, geeignete Maßnahmen zu ergreifen, die den Zugang zu einer allgemeinen Bildungseinrichtung sichern und einen diskriminierenden Ausschluss verhindern. Kinder und Jugendliche haben einen Anspruch auf diskriminierungsfreien Zugang zu einem sinnvollen Bildungsangebot an einer wohnortnahen Regelschule.

Deutschlandweit wird ein wachsender Anteil von den Schülerinnen und Schülern mit sonderpädagogischem Unterstützungsbedarf in der Regelschule unterrichtet: Der Anteil stieg vom Schuljahr 2008 / 2009, dem letzten Schuljahr vor der deutschen Ratifizierung der UN-Konvention, von 18 Prozent auf aktuell circa 33 Prozent. Allerdings schwankt der Anteil stark über die Bundesländer.

Regelungen der Bundesländer

In allen Bundesländern ist heute die gemeinsame Beschulung von Kindern mit und ohne Behinderungen – überwiegend sogar an den allgemeinen Schulen – rechtlich zumindest möglich und als Regelfall vorgesehen. Allerdings gibt es in den meisten Ländern weitreichende Einschränkungen oder Vorbehalte. Die rechtliche Umsetzung ist, wie die Studie vom Deutschen Institut für Menschenrechte[2] vom März 2014 zeigt, noch in keinem Bundesland abgeschlossen.

www bildungsserver.de/ Landesbildungsserver-450.html

Bitte informieren Sie sich daher, über den **aktuellen Stand Ihres Bundeslands** vor Ort. Eine gute Möglichkeit dafür bieten die Internetportale der Ministerien für Schule. (Tipp: Die Bezeichnungen sind von Bundesland zu Bundesland unterschiedlich, z. B. Ministerium für Kultus / Schule / Bildung. Allerdings lassen sie sich einfach per Suchmaschine finden.)

Für Sie als Lehrkraft und für alle an der Schule Beteiligten sind Schulgesetze nicht nur Orientierungsnorm, sondern sie regeln die Ansprüche der Einzelnen und die Pflichten des Landes. Der rechtliche Rahmen beeinflusst

2 Institut für Menschenrechte (2014): Inklusive Bildung – Schulgesetze auf dem Prüfstand. Berlin

die Schulorganisation, die Lehrplanentwicklung, die Aus-, Fort- und Weiterbildung sowie die Ressourcenverteilung (Lehrerstunden, Klassengröße etc.) und damit auch Ihre Unterrichtspraxis.

Erkundigen Sie sich nach den Möglichkeiten und nutzen Sie sie – auf Fortbildungen treffen Sie Kolleginnen und Kollegen, mit denen Sie schulübergreifend kooperieren können!

Auswirkungen auf den Unterricht

Inklusiver Unterricht zeichnet sich durch ein hohes Maß an **Binnendifferenzierung** aus, zu diesem Thema gibt es eine Reihe guter, praxisnaher Literatur[3]. Darüber hinaus gibt es viele Beispiele aus der Schulpraxis, wie systematische Zusammenarbeit mit Sonderpädagoginnen und Sonderpädagogen und multiprofessionelle Lehrerteams[4], die sich bewährt haben.

Man unterscheidet zwischen *zielgleich* und *zieldifferent* unterrichteten Kindern. Bei den zielgleich unterrichteten werden individuelle Nachteile, die durch die Behinderung entstehen, ausgeglichen, z. B. durch Zeitverlängerung bei der Bearbeitung einer Aufgabe. Dennoch gelten für diese Kinder die gleichen Anforderungen wie für Kinder ohne Behinderung.

Bei den zieldifferent unterrichteten Kindern werden die Lernziele angepasst, so bekommt z. B. ein Kind mit dem Förderschwerpunkt „geistige Entwicklung" einen eigenen Förderplan, in dem realistische Lernziele festgelegt sind.

Für die zieldifferent unterrichten Schülerinnen und Schüler gibt es also Förderpläne gemäß ihres jeweiligen sonderpädagogischen Unterstützungsbedarfs. Zu dieser Gruppe gehören Kinder und Jugendliche mit Handicaps im Bereich „Lernen" und „geistige Entwicklung". Für sie gelten somit nicht die normorientierten Lehrpläne der allgemeinen Schulen.

Die normorientierten Lehrpläne der allgemeinen Schulen gelten für die zielgleich unterrichteten Schülerinnen und Schülern, allerdings mit einer Einschränkung: In Leistungssituationen sind Nachteilsausgleiche zu gewähren, damit die Behinderung keine unfaire Ausgangslage darstellt.

Nachteilsausgleiche sollen bei Schülerinnen und Schülern mit Behinderungen, chronischen Erkrankungen und / oder sonderpädagogischem Unterstützungsbedarf genau den Nachteil kompensieren, der durch ihre Behinderung und / oder ihren sonderpädagogischen Unterstützungsbedarf existiert.

3 Beispielsweise: Linser / Paradies (2010): Differenzieren im Unterricht. Cornelsen: Berlin

4 Über eine lange Praxis in diesem Bereich verfügen z. B. die Gesamtschule Köln-Holweide und die Laborschule in Bielefeld.

Man schraubt also z. B. nicht die Anforderungen einer Klassenarbeit an sich herunter, sondern bietet gehörlosen Jugendlichen statt einer Hörverstehensaufgabe eine andere Aufgabe mit dem gleichen Schwierigkeitsniveau aus dem Bereich des Leseverstehens an. Das Ziel ist, gezielte Hilfestellungen zu geben, damit alle Schülerinnen und Schüler eine faire Chance haben, die an sie gestellten Anforderungen bewältigen zu können. Diese Hilfen und Unterstützungsmaßnahmen nennt man Nachteilsausgleich.

Welche Nachteilsausgleiche gibt es?

Nachteilsausgleiche können in ganz verschiedenen Bereichen gewährt werden – je nach Art des individuellen Ausgleichsbedarfs des Kindes und Jugendlichen. In Leistungsüberprüfungssituationen können z. B. folgende Veränderungen vorgenommen werden:

- zeitliche Verlängerung in Bezug auf Vorbereitungs-, Pausen- und Prüfungszeiten
- technische Hilfsmittel wie Laptop, Arbeitsblatt mit größerer Schrift
- räumliche Änderungen wie ein Einzelplatz zum Schreiben
- personelle Unterstützung wie die Assistenz bei der Arbeitsorganisation
- inhaltliche Modifikation wie die Veränderung oder der Austausch eines Textes, Materials und der Aufgabenstellung, z. B. durch zusätzliche Worterklärungen

Ein Nachteilsausgleich senkt nicht das Niveau, sondern gewährleistet, dass der individuellen Benachteiligung angemessen Rechnung getragen wird. Damit wird auch der Anspruch an die Qualität des Ergebnisses nicht geringer bemessen. Eine für einzelne Schülerinnen und Schüler eingeräumte Anforderungsreduzierung würde eine ungerechtfertigte Bevorzugung darstellen.

Diese Ungleichheit würde die Mitschülerinnen und Mitschüler benachteiligen, denen höhere Leistungsansprüche abverlangt werden, und würde deren Recht auf Gleichbehandlung verletzen. In Unterrichtskontexten ist an dieser Stelle wichtig, dass man mit seiner Lerngruppe – das Einverständnis der betroffenen Schülerin bzw. des Schülers vorausgesetzt – über Nachteilsausgleiche spricht, damit die Lerngruppe Verständnis entwickeln kann.

Wenn ein Kind oder Jugendlicher in mehreren Förderschwerpunkten Unterstützungsbedarf benötigt, ist es möglich, dass nicht zielgleich unterrichtet werden kann: Kommt z. B. bei einem Schüler mit dem Förderschwerpunkt „emotionale und soziale Entwicklung" eine ausgeprägte Lernschwäche hinzu, wird er zieldifferent unterrichtet.

Lerntheoretische Grundlagen

2

Lernformen

Lernen findet dann statt, wenn das Individuum neue bedeutsame Informationen über das Auftreten von externen oder internen Bedingungen oder deren Valenz erhält, die sein zukünftiges Befinden, Denken, Verhalten und/oder seine physiologischen Reaktionen beeinflussen. (EHLERS 2003, 74)

Als Pädagogen sind Sie die Experten für das Lernen. Entsprechend werden wir Ihnen auf den nachfolgenden Seiten vermutlich nichts grundlegend Neues vermitteln können, sondern es werden die Grundlagen aus psychologischer Sicht beleuchtet.

Gerade heutzutage geht es beim Lernen in der Schule nicht nur um den Erwerb von Wissen und Fakten, sondern auch um die Aneignung angemessenen Verhaltens. Wenn Sie sich fragen, wie Sie Schülerinnen und Schüler zur Reduktion störenden Verhaltens im Unterricht oder zur sorgfältigen Bearbeitung von Aufgaben bewegen können, ist es oftmals hilfreich, sich noch einmal auf grundlegende Lernmechanismen zu besinnen und sich diese zu Nutze zu machen.

Die Lernpsychologie unterscheidet folgende Lernformen (mit aufsteigender Komplexität):

- Klassische Konditionierung
- Operante Konditionierung
- Beobachtungslernen
- Lernen durch verbale Mitteilung

a) Klassische Konditionierung

Die klassische Konditionierung ist ein Lernprozess, durch den ursprünglich neutrale Reize zum Auslöser von Reaktionen werden können, die sie zuvor nicht auslösen konnten. (EHLERS 2003, 74)

Das wohl berühmteste Experiment zur klassischen Konditionierung stammt von IVAN PAWLOW, der zeigen konnte, dass die Ankündigung einer Futtergabe durch einen Glockenton schließlich dazu führt, dass Hunde auf den Glockenton mit Speichelfluss reagieren (siehe ausführlicher hierzu z. B. MAZUR 1998).

Im Prinzip machen Sie sich diesen Lernmechanismus im Unterricht auch zu Nutze, etwa wenn Sie Stillarbeitsphasen immer durch ein akustisches Signal einleiten (vgl. hierzu Techniken des Classroom Managements, Kap. 3).

b) Operante Konditionierung

> *Operante Konditionierung bezeichnet einen Lernprozess, bei dem Auftretenswahrscheinlichkeit von Verhalten durch seine Konsequenzen erhöht oder erniedrigt wird.*
> (Ehlers 2003, 77)

Mit dem operanten Lernen ist unweigerlich der US-amerikanische Psychologe Burrhus Frederic Skinner verknüpft, der die Erklärung von Reaktionen durch vorangehende Reize (wie bei der klassischen Konditionierung) als nicht ausreichend erachtete und sich daher mit der Frage beschäftigte, inwieweit nachfolgende Bedingungen Verhalten beeinflussen. Da die Erkenntnisse der operanten Lerntheorie vielfältig nutzbar sind, wird im nachfolgenden Abschnitt ab S. 14 genauer darauf eingegangen.

c) Beobachtungs- oder Modelllernen

Mit Beobachtungslernen ist die Imitation des Verhaltens einer anderen Person gemeint. Dies ist ein sehr komplexer Lernprozess, der genutzt werden kann, um neue Verhaltensweisen einzuüben oder um bereits erlerntes Verhalten zu fördern bzw. zu hemmen (vgl. Aufdermauer / Reinecker 2010).

Der wohl bekannteste Forscher zum Modelllernen ist Albert Bandura. Er stellte folgende Voraussetzungen für das Modelllernen fest: Aufmerksamkeit, Speicherung, Reproduktion und Motivation (hierauf wird noch einmal genauer in Abschnitt d eingegangen) (vgl. hierzu Mazur 1998). Schnell merkte Bandura jedoch, dass es einen Unterschied zwischen Lernen und Performanz gibt. Dies bedeutet: Dass ein Verhalten gelernt wurde, heißt noch lange nicht, dass es auch gezeigt wird. Ob beobachtetes Verhalten imitiert wird, hängt von folgenden Faktoren ab:

- *Ähnlichkeit des Modells* mit dem Beobachter (ähnliche Modelle werden eher imitiert)
- *Macht/Attraktivität des Modells* (machtvolle bzw. attraktive Modelle werden stärker nachgeahmt)
- *Erfolg des Modells:* Man unterscheidet „Coping-Modelle“ (Modelle, die es schaffen) von „Mastery-Modellen“ (perfekten Modellen). Meist ist die Imitation von Coping-Modellen größer.
- *Belohnung des Modells* (belohnte Modelle werden häufiger imitiert).

Diese Faktoren gilt es zu bedenken, wenn Sie Ihren Schülerinnen und Schülern über Modelle etwas vermitteln wollen. Unbewusst tun Sie dies sicherlich bereits. So wählen Sie Texte vermutlich in der Regel so aus, dass sich die Schülerinnen und Schüler mit dem Protagonisten, von dem etwas gelernt werden soll, möglichst gut identifizieren können (Ähnlichkeit).

Die eigene Modellwirkung nutzen

Oder Sie wählen einen beliebten Schüler aus, um prosoziales Verhalten zu demonstrieren (Macht / Attraktivität). Unterschätzen Sie dabei auch nicht Ihre eigene Modellwirkung! Da Sie als Lehrer in der Schule eine machtvolle Position innehaben, werden Sie zwangsläufig von Schülerinnen und Schülern imitiert werden. Dabei können Sie durch Ihr eigenes Verhalten (z. B. in Stress- oder Konfliktsituationen) zeigen, was Sie weitergeben wollen!

d) Lernen durch verbale Mitteilung

Dies ist ein Lernprozess, der in der Schule am häufigsten zur Anwendung kommt. Der Biologielehrer erklärt einen Sachverhalt, den die Schülerinnen und Schüler sich aneignen und dann selbst wiedergeben können. Damit dies passiert, müssen folgende Teilprozesse stattfinden:

- *Aufmerksamkeit:* Eine Grundvoraussetzung für das Merken von Eindrücken ist die Konzentration auf diese. Daher müssen Sie die wesentlichen Elemente des zu lernenden Sachverhalts so gestalten, dass sie die Aufmerksamkeit auf sich ziehen (z. B. durch übersichtliche Schaubilder und Hervorhebung der wesentlichen Stellen, durch Stimmführung, Mimik, Gestik, durch Ausschalten von Störquellen) (vgl. hierzu Bovet 2006).
- *Speicherung:* „Dem Arbeitsgedächtnis stehen (mindestens) zwei sinnesspezifische Subsysteme zur Verfügung, ein visuell-räumliches und ein akustisch-sprachliches" (Bovet 2006, 197). Informationen können besser behalten werden, wenn beide Subsysteme mit den gleichen Inhalten gefüllt werden. Daher sollten Sie darauf achten, beim sprachlichen Erläutern von Sachverhalten bildliche Vorstellungen zu erzeugen, z. B. indem Sie Zusammenhänge durch Schaubilder veranschaulichen oder indem Sie plastische Beispiele liefern.

  Tabellen oder Graphiken, die erst entschlüsselt werden müssen, werden im akustischen Subsystem verarbeitet und sind daher keine hilfreiche Ergänzung (vgl. hierzu Bovet 2006)! Achten Sie darüber hinaus darauf, dass die zu lernenden Inhalte von den Schülerinnen und Schülern *organisiert, elaboriert* und *wiederholt* werden.

  Organisieren meint, eine individuelle Gliederung der Informationen zu entwickeln und die Informationen auf das Wesentliche zu reduzieren

(z. B. durch eigene Überschriften, Zusammenfassungen, Diagramme). Mit *Elaborieren* ist die Verknüpfung der neuen Inhalte mit eigenem Wissen gemeint (z. B. durch Suchen eigener Beispiele, Wiedergeben mit eigenen Worten, Ausdenken von Eselsbrücken etc.).
Wiederholen ist zum Merken von Inhalten unbedingt notwendig. Die Wiederholungsrate kann durch Organisieren und Elaborieren jedoch deutlich reduziert werden (vgl. hierzu Bovet 2006).

- *Reproduktion:* Grundsätzlich hängt die Abrufbarkeit von Informationen von ihrer Verarbeitungstiefe beim Einprägen ab. Allerdings können Sie auch in der Reproduktionssituation (= Prüfungssituation) mit einigen Faktoren Einfluss darauf nehmen, wie gut Dinge wiedergegeben werden können. Stress ist ein Hauptstörfaktor für die Informationsverarbeitung. Deshalb sollten Sie versuchen, Stress in Prüfungssituationen möglichst gering zu halten, indem Sie Prüfungssituationen gut vorbereiten (z. B. durch Probeklausuren) oder – besonders in mündlichen Prüfungen – Zeit zur Beantwortung der Fragen lassen.

Prüfungsrelevante Situationen mit den Schülern üben

Darüber hinaus weiß man auch, dass Informationen kontextabhängig eingeprägt werden. Dies konnte Alan Baddeley (1982) in einem klassischen Experiment zeigen. Dabei lernten Versuchspersonen Wörter, während sie unter Wasser tauchen mussten. In der Überprüfungssituation stellte sich heraus, dass die Versuchspersonen diese Wörter unter Wasser deutlich besser abrufen konnten als an Land. Dies gilt es zu bedenken, wenn Schülerinnen und Schüler erstmals beim Abitur eine Klausur in der Aula schreiben. Bitte üben Sie prüfungsrelevante Situationen mit Ihrer Lerngruppe.

- *Motivation:* Ein wesentlicher Faktor beim Lernen (und der Performanz des Gelernten, s. o.) ist die Motivation. Diese können Sie fördern, indem Sie die praktische oder Alltagsrelevanz der zu lernenden Inhalte verdeutlichen oder die Wichtigkeit für den weiteren Lernverlauf (z. B. Prüfungsrelevanz).

Operante Konditionierung

Im Paradigma des operanten Konditionierens wird instrumentelles Lernen beschrieben, d. h. Lernprozesse, die aufgrund von Konsequenzen für gezeigtes Verhalten entstehen. (Linderkamp 2009, 210)

Basierend auf einem zentralen Lerngesetz von Thorndike (Law of effect, siehe hierzu ausführlicher Mazur 1998) wird davon ausgegangen, dass eine

Reaktion, die durch eine positive Verstärkung begleitet wird oder der eine folgt, in einer nachfolgenden Situation gleichen Typs mit größerer Wahrscheinlichkeit wieder auftritt.

Ebenso gilt umgekehrt: Folgt auf ein Verhalten eine negative Konsequenz, sinkt die Wahrscheinlichkeit, dass das Verhalten wieder auftritt. Dabei spricht man von Belohnung, wenn eine positive Konsequenz auf ein Verhalten folgt oder ein unangenehmer Reiz wegfällt.

Eine Bestrafung kann sich ebenfalls durch direkte Darbietung einer Strafe oder durch Wegnahme eines positiven Verstärkers äußern (vgl. hierzu Linderkamp 2009).

	Positiver Reiz	**Aversiver Reiz**
Dargeboten	Positive Verstärkung (Belohnung) wie Lob oder Eis → Verhalten nimmt zu.	Direkte Bestrafung wie Schimpfen oder Schläge → Verhalten nimmt ab.
Entfernt	Indirekte (oder negative) Bestrafung, z. B.: Der regelmäßige Lohn entfällt bei Krankheit. → Verhalten nimmt ab.	Negative Verstärkung, z. B.: Eine Kopfschmerztablette beendet den Schmerz. → Verhalten nimmt zu.

Welche Verstärker gibt es?

Es gibt primäre Verstärker, die angeborene, grundlegende Bedürfnisse bei allen Menschen jeden Alters befriedigen, z. B. Nahrung oder körperliche Zuwendung. Die sekundären Verstärker dagegen sind erlernt, sie wirken erst durch die Verbindung mit primären Verstärkern; dazu gehört z. B. Geld. Weitere Unterteilungen bei Verstärkern sind solche in:

- *materielle:* konkrete Dinge wie Schokolade, Spielzeug
- *soziale:* soziale Handlungen wie Lächeln, Lob, Umarmung
- *Handlungsverstärker:* gemeinsame Tätigkeiten wie Schwimmbadbesuch, Fußball spielen

Es ist immer wichtig zu bedenken, dass es individuell sehr unterschiedlich sein kann, ob etwas eine Belohnung ist oder nicht. So kann der Ausschluss aus dem Unterricht für das eine Kind eine Bestrafung sein, für das andere Kind jedoch eine Belohnung. Neben dieser Subjektivität von Verstärkern ist zu beachten, dass die Wertigkeit eines Verstärkers von der individuellen Sättigung abhängt: Ein Kind, welches zu Hause unbegrenzten Zugang zu Süßigkeiten hat, wird man kaum durch Schokolade belohnen können. Dies kann sich auch über die Zeit verändern, so ist ein Kinobesuch nach dem zehnten Mal in kurzer Folge häufig weniger attraktiv als beim ersten Mal.

Grundsätzlich gilt: Möchten Sie Verhaltensweisen aufbauen, belohnen Sie sie, möchten Sie Verhaltensweisen abbauen, bestrafen Sie sie! Dabei ist es wichtig, genau zu analysieren, welche Verstärker wirksam werden. So kann es sein, dass Sie durch Ausschimpfen eines Schülers vor der ganzen Klasse bei aggressivem Verhalten dieses ungewollt verstärken, da damit eine Aufmerksamkeitszuwendung Ihrerseits und von allen Mitschülern (möglicherweise sogar Bewunderung für die Frechheit des Betroffenen) einhergeht, dessen Verstärkerwirkung deutlich höher ist als die negative Auswirkung Ihres Schimpfens.

Folgende Dinge sollten Sie daher beachten:

Zum Aufbau von erwünschten Verhaltensweisen sollten **positive Verstärker direkt nach dem gewünschten Verhalten** erfolgen. Dabei ist es am Anfang wichtig, neues erwünschtes Verhalten kontinuierlich zu verstärken (so wird das Verhalten schneller entwickelt). Im weiteren Verlauf sollten erwünschte Verhaltensweisen dann nur noch gelegentlich / unregelmäßig (Fachbegriff: intermittierend) verstärkt werden, dies stabilisiert bereits aufgebaute Verhaltensweisen und macht sie löschungsresistenter (s. u.). Achten Sie auf variable Verstärker, um eine Sättigung zu vermeiden.

Um Verstärkung zu systematisieren, kann ein sogenanntes **„Token-System“** (etwa: Münzverstärkungssystem) eingeführt werden. Dabei wird erwünschtes Verhalten nicht direkt, sondern mit Punkten (oder eben Münzen) belohnt. Diese können dann in materielle, soziale oder Handlungsverstärker eingetauscht werden. Üblicherweise wird dies in einem gemeinsamen Vertrag schriftlich festgehalten.

Welche Nachteile hat eine direkte Bestrafung?

Beim Abbau unerwünschter Verhaltensweisen greift man meist auf **Methoden der indirekten Bestrafung** zurück.

Direkte Bestrafung hat neben ethischen Bedenken folgende Nachteile:

- Strafen rufen Ärgerreaktionen hervor, die aggressive Verhaltensweisen nach sich ziehen können.
- Strafen beschädigen auf lange Sicht das Selbstkonzept des Bestraften.
- Strafen begünstigen Flucht- und Vermeidungsverhalten.
- Strafen beschädigen die Beziehung zwischen dem Strafenden und dem Bestraften.
- Bestrafung führt nur zu einer langfristigen Unterdrückung von unerwünschtem Verhalten, wenn sie jedes Mal auf das Verhalten folgt (an-

sonsten wird das unerwünschte Verhalten bei den unbestraften Malen eher verstärkt). Dies ist häufig nicht realisierbar.
- Häufig eingesetzte Verfahren zur Reduktion unerwünschten Verhaltens sind Time-out, Response-Cost und Löschung.

Beim **Time-out** erfährt das Kind oder der Jugendliche eine indirekte Bestrafung seines Verhaltens durch einen vorübergehenden Entzug aller potenziellen Verstärker. Dies wird vor allem dann eingesetzt, wenn relevante Verstärker nur schwer zu kontrollieren oder zu identifizieren sind. In Schulen wird dies häufig durch einen neutralen Extra-Raum verwirklicht, in den die Schülerinnen und Schüler gehen müssen, wenn sie den Unterricht empfindlich stören.

Beim **Response-Cost** werden bereits erhaltene Verstärker (meist Token im Rahmen eines Token-Systems, s. o.) bei unerwünschtem Verhalten wieder entzogen.

Unbedingt bei dem gewählten Verfahren bleiben

Bei der **„Löschung"** treten Verhaltensweisen immer seltener auf, weil man positive Verstärker, die bislang auf dieses Verhalten folgten, entzieht und nur noch neutrale Konsequenzen auf das zu löschende Verhalten folgen lässt. Löschung führt nur zu einem langsamen Verhaltensabbau, deshalb sollte es nicht eingesetzt werden, wenn das Problemverhalten sofort beendet werden soll (z. B. bei physischer Gefahr). Entzieht man zuvor bestehende positive Verstärker, tritt das unerwünschte Verhalten zunächst häufiger auf (der sogenannte „extinction burst").

Es ist wichtig, dies auszuhalten, denn kehrt man dann zu ursprünglichen Mustern zurück, hat man das unerwünschte Verhalten durch intermittierende Verstärkung deutlich stabilisiert. Ein typisches Beispiel ist der Vorsatz von Eltern, das Schreien des Kindes bei Wunschversagen zu ignorieren (= Löschung). Wenn dies dann nicht ausgehalten wird und die Eltern am Ende doch „einknicken", wird das Kind das nächste Mal umso ausdauernder und länger schreien.

Neutrale Konsequenzen sind oftmals gar nicht so leicht umzusetzen, wie es im ersten Moment scheint. Daher hier eine Auflistung möglicher Arten der Zuwendung (Petermann / Petermann 2008):
- **Positive Zuwendung:** Anblicken, Kopfnicken, Lächeln, Zuhören, Streicheln, In-den-Arm-nehmen, Nachfragen, Loben, Belohnung ankündigen → Positive Zuwendung fördert das vorausgehende Verhalten.
- **Negative Zuwendung:** Mehrmaliges Auffordern, Ermahnen, Tadeln, Nörgeln, Schimpfen, Belehren, Vergleichen, Schreien, Drohen, Vorwürfe

machen, streng Anblicken, mit scharfem Tonfall sprechen → Auch dies führt häufig zu einer Zunahme des Verhaltens, weil eben eine Belohnung in Form von (negativer) Aufmerksamkeit stattfindet.

- **Keine Zuwendung:** Vermeiden von Blickkontakt, körperliche Distanz, Sich-abwenden, Aus-dem-Zimmer-gehen, Keine-Antwort-geben, Keine-Miene-verziehen, Kein-Wort-sagen → Ohne Zuwendung rückt ein Verhalten in den Hintergrund und verschwindet (Achtung: nicht gleichzusetzen mit stillschweigender Duldung!).

Erwünschtes Verhalten gezielt verstärken

Am besten funktioniert die Reduktion unerwünschter Verhaltensweisen, wenn parallel erwünschte Verhaltensweisen gezielt verstärkt werden. Bei „Problemschülern“, die häufig stören oder sich aggressiv zeigen, ist man oft so mit Schimpfen beschäftigt, dass man froh ist, wenn der Betroffene einmal keinen Ärger macht und man in Ruhe seinen Unterricht fortführen kann. Wenn Sie möchten, dass solche Phasen häufiger werden, müssen Sie diese Kinder und Jugendliche gezielt für angemessenes Verhalten verstärken und dies nicht stillschweigend hinnehmen!

Wirkungsvolle Aufforderungen geben

Im Folgenden haben wir einige wichtige Regeln zusammengestellt, die Sie beachten sollten, wenn Sie Grenzen setzen und Aufforderungen geben (Döpfner et al. 2006):

- Stellen Sie nur dann Aufforderungen, wenn Sie bereit sind, diese auch durchzusetzen! Gehen Sie nur Kämpfe ein, die Sie auch bereit sind, zu führen und zu gewinnen. Bereits im Vorfeld ist es dafür notwendig, Regeln zu bestimmten Verhaltensweisen und dazugehörige Konsequenzen aufzustellen. Diese Konsequenzen müssen sofort und regelmäßig auf das Problemverhalten erfolgen. Entsprechend sollten Sie nur solche Handlungen festsetzen, die durchführbar sind. Am günstigsten sind natürliche Konsequenzen, d.h. Folgen, die sich direkt aus dem Problemverhalten ergeben. Dazu gehören Wiedergutmachungen (z.B. etwas säubern oder ersetzen), Ausschluss aus der Situation (z.B. bei Nichtbefolgen einer Spielregel Ausschluss vom Spiel; wichtig hierbei: Der Ausschluss muss von dem Schüler als negativ empfunden werden), Entzug von Privilegien (z.B. nicht mehr neben dem besten Freund sitzen).
- Sorgen Sie dafür, dass der Schüler aufmerksam ist, wenn Sie die Aufforderung geben!

- Äußern Sie die Aufforderung eindeutig und nicht als Bitte! Machen Sie durch Ihren Tonfall und Ihre Mimik deutlich, dass Ihnen die Angelegenheit wichtig ist, schreien Sie jedoch nicht.
- Geben Sie immer nur *eine* Aufforderung!
- Überprüfen Sie, ob der Schüler der Aufforderung nachkommt! Passiert dies nicht, wiederholen Sie die Aufforderung eindringlicher. Benennen Sie dabei die Regelverletzung und kündigen Sie die negative Konsequenz an. Wird das Problemverhalten nicht abgestellt, führen Sie die negative Konsequenz möglichst ruhig durch. Diskutieren Sie dabei nicht mit dem Schüler, räumen Sie aber die Möglichkeit ein, dass er sich später im Einzelgespräch mit Ihnen noch mal dazu äußern darf.

Mögliche Verstärker, die Sie als Lehrer nutzen können:

Materielle Verstärker	Soziale Verstärker	Handlungsverstärker
Sammelkarten Aufkleber Stempel Büromaterial (z. B. aus Ein-Euro-Läden) Jugendbücher (z. B. vom Flohmarkt) ...	Lob Lächeln Nicken Ansehen Aktiv zuhören ...	Freie Sitzplatzwahl Beliebte Tätigkeiten (z. B. Kreide holen) Einen Film schauen Kassetten- oder Malstunde Vorlesestunde Eis essen gehen Klassenausflug ...

Literaturnachweise

AUFDERMAUER, NICOLE / REINECKER, HANS (2010): Verhaltenstherapie. In: HILLER, WOLFGANG / LEIBING, ERIC / LEICHSRING, FALK / SULZ, SERGE K.D. (2010) (Hrsg.): Lehrbuch der Psychotherapie. Band 1. 2. Auflage. CIP-Medien: München, 295-322

BADDELEY, ALAN (1982): So denkt der Mensch. Unser Gedächtnis und wie es funktioniert. Droemer Knaur: München

BOVET, GISLINDE (2006): Wissenserwerb und Problemlösen. In: BOVET, GISLINDE / HUWENDIEK, VOLKER (2006) (Hrsg.):. Leitfaden Schulpraxis. Pädagogik und Psychologie für den Lehrberuf. 4. überarbeitete Auflage. Cornelsen Verlag Scriptor: Berlin, 195-230

DÖPFNER, MANFRED / SCHÜRMANN, STEPHANIE / LEHMKUHL, GERD (2006): Wackelpeter und Trotzkopf. Hilfen bei hyperkinetischem und oppositionellem Verhalten (3. Auflage). Psychologie Verlags Union: Weinheim

Ehlers, Anke (2003): Psychologische Grundlagen der Verhaltenstherapie. In: Margraf, Jürgen (2003): Lehrbuch der Verhaltenstherapie. Band 1. 2. Auflage. Springer: Berlin, 49-66

Linderkamp, Friedrich (2009): Operante Methoden. In: Schneider, Silvia / Margraf, Jürgen (2009) (Hrsg.): Lehrbuch der Verhaltenstherapie. Band 3. Springer: Heidelberg, 209-220

Mazur, James E. (1998): Learning and Behavior. 4th edition. Prentice Hall: New Jersey

Petermann, Franz / Petermann, Ulrike (2008): Training mit aggressiven Kindern. 12. Auflage. Psychologie Verlags Union: Weinheim

Classroom Management für inklusive Klassen

3

Classroom Management kann Sie in Ihrem Unterricht in einer inklusiven Klasse dabei unterstützen, Inklusion im Schulalltag umzusetzen und ein gemeinsames Lernen zu ermöglichen. Classroom Management ist dabei weit mehr als nur „Klassenführung" und kann auf verschiedenen Ebenen ansetzen:

- **Auf der Gruppenebene:** Die Schülerinnen und Schüler einer Klasse stehen in unterschiedlichen Beziehungen zueinander, die meist nicht statisch sind, sondern sich häufig verändern. Schülerinnen und Schüler müssen daher ihren Platz in der Gruppe immer wieder neu aushandeln. Eine gute Klassengemeinschaft, in der ein vertrauensvoller Umgang miteinander herrscht und Konflikte offen angesprochen und diskutiert werden können, ist die Basis für ein gemeinsames Lernen. Auf dieser Grundlage können Sie verhindern, dass Konflikte und Auseinandersetzungen den Unterricht dominieren und kein Lernen mehr möglich ist.
- **Auf der individuellen Ebene:** Schülerinnen und Schüler haben ganz unterschiedliche Persönlichkeiten mit eigenen Stärken und Schwächen, unabhängig von einem attestierten Förderbedarf. Um jeden Schüler und jede Schülerin einer Klasse anzunehmen und sie zu fördern und zu fordern, sollten Sie jedem Kind und Jugendlichen die Möglichkeit geben, sich mit seinen Stärken einzubringen.
- **Auf der organisatorischen Ebene:** Auch die Gestaltung des Klassenraums, das Visualisieren von Regeln, die Einführung fester Rituale oder die transparente Strukturierung der Unterrichtsstunden haben Auswirkungen auf das gemeinsame Lernen in der Klasse und geben den Schülerinnen und Schülern, aber auch Ihnen als Lehrperson Sicherheit und Struktur.

Gleichzeitig bewusst mehrere Ziele verfolgen

Ein gutes Classroom Management zeichnet sich dadurch aus, dass Sie als Lehrkraft sowohl die Gruppe, den einzelnen Schüler und die einzelne Schülerin als auch den Lernfortschritt im Fokus haben. Sie verfolgen also gleichzeitig mehrere Ziele auf verschiedenen Ebenen. Und dessen müssen Sie sich bewusst sein.

Grundsätzlich gilt, dass Sie alle Schülerinnen und Schüler einer Klasse gleichzeitig aktiv miteinbeziehen sollten. **Gutes Timing** sowie eine **klare Planung** des Unterrichts sind dafür Voraussetzung. Das bedeutet nicht, dass Sie nicht auch Einzelne allein arbeiten lassen können. Aber der Unterricht sollte so aufgebaut sein, dass zu Beginn einer Stunde allen Schülerinnen und Schüler **transparent** gemacht wird, was Sie von ihnen in der Stunde erwarten, und am Ende einer Stunde alle die Chance erhalten, ihre erarbeiteten Lösungen einzubringen.

Auch sollten Sie Ihren Schülerinnen und Schülern **Verantwortung übertragen.** Das entlastet Sie und fordert die Einzelnen heraus, selbstständig und pflichtbewusst zu handeln. Sie zeigen ihnen zudem so Ihre Wertschätzung. Daher sollten Sie die Kinder und Jugendlichen auch – soweit es sie nicht überfordert – in Lern- und Entscheidungsprozesse miteinbeziehen.

Für Transparenz sorgen

Lernen und Lehren in einer inklusiven Klasse stellt alle Beteiligten vor besondere, wie auch vielfältige Herausforderungen. So finden es z. B. einige Jugendliche ungerecht, dass ein Schüler der Klasse aufgrund seiner Einschränkungen mehr Zeit bei Klassenarbeiten bekommt. Ein Mehr an Zeit könnten auch sie gut gebrauchen. Daher ist es wichtig, für Transparenz in der Klasse zu sorgen.

Sie müssen den Schülerinnen und Schülern – natürlich in Absprache mit dem betroffenen Jugendlichen und dessen Eltern – **erklären,**

- was ein Nachteilsausgleich ist und warum er gewährt wird,
- warum ein Schüler, wenn er zu unruhig wird, die Klasse für ein paar Minuten verlassen darf,
- warum eine Schülerin ihre Aufgaben immer noch einmal auf einem gesonderten Arbeitsblatt erhält, während die anderen sie von der Tafel abschreiben.

Dies gemeinsam mit der Klasse zu thematisieren, wird wahrscheinlich für Unruhe und auch Ärger sorgen. Aber dieser Schritt ist wichtig, um **Akzeptanz** zu schaffen.

Genauso wichtig ist es, **klare Konsequenzen** für diejenigen festzulegen, die andere aufgrund ihrer Einschränkungen ausstoßen, ärgern und hänseln. Wie weitreichend diese Konsequenzen sind (wer mobbt, fliegt raus!), muss mit der Schulleitung festgelegt werden.

Ein Blick in die empirische Unterrichtsforschung zeigt, dass es für ein gelingendes Classroom Management leider kein Patentrezept gibt. Letztlich müssen Sie als Lehrer – wie bei der Planung Ihrer Unterrichtsstunden – selbst entscheiden, welche Vorgehensweise zu Ihrer Klasse und zu Ihnen passt.

Absprachen treffen

Wichtig ist, dass Sie sich gemeinsam mit allen Lehrerinnen und Lehrern einer Klasse absprechen, welche Regeln, Strategien und Methoden Sie für das Classroom Management in dieser Klasse einsetzen, um für die Schülerinnen und Schüler Sicherheit und Kontinuität zu schaffen.

Die organisatorische Ebene

Bereiten Sie für Ihre Klasse eine **Lernumgebung** vor, indem Sie …

- im Raum einen festen Ort schaffen, an dem die Schülerinnen und Schüler die benötigten Unterrichtsmaterialien für selbstständige Arbeitsphasen finden.
- verständliche Plakate mit den für Ihren Unterricht relevanten Lernmethoden aufhängen.
- Listen mit für Ihren Unterricht wichtigen Begriffen und Formulierungen bereitstellen.
- eine Sitzordnung schaffen, die den Schülerinnen und Schülern sowohl das Arbeiten in Einzelarbeit als auch die Arbeit in der Gruppe ermöglicht.

Strukturieren Sie Ihren Unterricht, indem Sie …

- Hinweisschilder für bestimmte Arbeitsphasen festlegen, die Sie zu Beginn einer Arbeitsphase für alle sichtbar an der Tafel anbringen (siehe Autismus).
- Nummern an die Schülerinnen und Schüler verteilen, um die Reihenfolge während des Unterrichtsgesprächs, der Präsentationsphase oder bei der Durchsicht von Schülerlösungen festzulegen.
- durch ein akustisches Signal (Glocke, Klangschale, Fahrradklingel etc.) den Beginn bzw. das Ende einer Arbeitsphase ankündigen.
- durch eine Farbampel den Schülern und Schülerinnen signalisieren, ob Sie mit der Lautstärke in der Klasse einverstanden sind. Durch eine solche Farbampel können auch einzelne Schülerinnen und Schüler selbst der Klasse zeigen, dass es ihnen zu laut ist.
- durch ein nonverbales Zeichen (Handbewegung, bestimmte Position in der Klasse etc.) den Schülerinnen und Schülern zeigen, dass sie Ihnen zuhören sollen.

Verschaffen Sie sich Überblick im Klassenraum und geben Sie Ihren Schülerinnen und Schülern **Orientierung** während des Unterrichts, indem Sie …

- eine gute Position im Klassenzimmer wählen, die es Ihnen ermöglicht, Blickkontakt zu allen Schülern zu haben. Das müssen Sie vorher selbst ausprobieren.
- sich durch den Raum bewegen, um Präsenz zu zeigen.

- beim Schreiben an der Tafel ab und zu zur Klasse blicken.
- auf störende Schüler direkt zugehen und sie leise an verabredete Regeln erinnern.

Die individuelle Ebene

Stellen Sie zu jeder Schülerin und jedem Schüler Ihrer Klasse einen **Kontakt** her, indem Sie

- sich in regelmäßigen Abständen – ungefähr einmal in der Woche – Zeit nehmen, um aktuelle Themen mit der Klasse zu besprechen und sich auszutauschen.
- Sprechstunden für Ihre Schüler und Schülerinnen einrichten und Ihnen somit die Möglichkeit geben, mit Ihnen im Zweiergespräch Dinge zu besprechen.
- Phasen zur Reflexion und zum Austausch in Ihren Unterricht integrieren und die Schülerinnen und Schüler durch folgende Fragen anregen: Was hat gut geklappt? Was nicht? Warst du zufrieden mit dir? Warum nicht? Eine solche Reflexion kann im Einzel- bzw. Gruppengespräch erfolgen oder aber auch in einem Lerntagebuch festgehalten werden.
- in der Klasse eine Art „Kummerkasten“ aufstellen, in dem die Schülerinnen und Schüler – auch anonym – Anliegen oder Probleme darlegen können.
- einzelne Schülerinnen und Schüler durch Lob bestärken. Achten Sie dabei darauf, dass Ihr Lob auch der Leistung angemessen ist. Vermeiden Sie es, gerade schwächere Schülerinnen und Schüler für banale Dinge wie z. B. das Vorlesen einer Aufgabenstellung zu loben, wenn andere Schüler dafür nicht gelobt werden. Ein solches Lob kann verunsichern und das Gefühl hervorrufen, gar nichts zu können. Loben Sie für individuelle Lernfortschritte.
- die Schüler und Schülerinnen sich gegenseitig loben lassen.
- nicht nur einzelne Schüler durch Lob wertschätzen, sondern auch Gruppenarbeiten oder die ganze Klasse nach einem guten gemeinsamen Arbeitstag loben etc.

Helfen Sie einzelnen Schülerinnen und Schülern, ihr Verhalten zu **reflektieren,** indem Sie

- das Gespräch mit dem betreffenden Schüler bzw. der Schülerin suchen und Ihre Wahrnehmung verdeutlichen sowie die Wahrnehmung des Schülers / der Schülerin ernst nehmen.
- gemeinsam Verstärkerpläne erarbeiten (vgl. S. 53).

Unterbinden Sie **Störungen** einzelner Schüler, indem Sie ...

- nur den Namen des Störers aussprechen.
- nur kurz und knapp auf die Störung eingehen (statt „Warum musst du immer ... " besser „Hör bitte auf ...").
- eine knappe und konkrete Aufforderung positiv formulieren („bitte setz dich wieder hin").
- abgelenkte Schülerinnen und Schüler aufrufen und nicht bloßstellen (ungünstig: „sag mal, träumt du schon wieder ...").
- dem Störer eine positive Rückmeldung geben, wenn die Störung aufgehoben ist („danke", ein Nicken).

Die Gruppenebene

Auf der Gruppenebene können Sie verschiedene Konzepte zur Stärkung der Klassengemeinschaft wie auch zur Förderung des Sozialverhaltens in Ihrer Klasse einführen. Die folgenden drei Modelle sind praxiserprobt und können leicht abgewandelt werden, um sie den Gegebenheiten in Ihrer Klasse anzupassen.

Konzept 1: Tisch-WG

Das Konzept der Tisch-WG zielt darauf ab, erwünschtes Verhalten zu bestärken, das im Laufe der Zeit zur Gewohnheit wird. Das Durchsetzen von Klassenregeln wird durch effektives Klassenmanagement erreicht, das wenig Zeit beansprucht und die Schülerinnen und Schüler selbst aktiv werden lässt, Unterrichtsstörungen zu sanktionieren und erwünschtes Verhalten wertzuschätzen.

Regeln werden zur Gewohnheit

Das Konzept der Tisch-WG wurde für die Jahrgangsstufen 5 und 6 entwickelt. In seinen Grundzügen kann es aber auch für die Jahrgangsstufen 7 bis 10 in modifizierter Form beibehalten werden.

- Die Klasse wird in 4er-Tischgruppen eingeteilt. Dabei sollten Sie darauf achten, dass das Kräfteverhältnis der einzelnen Tisch-WGs ausgewogen ist. Schüchterne Schüler und Schülerinnen sollten mit selbstsicheren zusammensitzen, verhaltensauffällige Jugendliche mit angepassten eine Gruppe bilden.
- Jedes Gruppenmitglied kontrolliert, ob die WG die vereinbarten Regeln einhält.
- Ein Pluspunkt für die ganze Tisch-WG wird gegeben, wenn alle Regeln in einer Unterrichtsstunde eingehalten wurden.
- Einen Minuspunkt gibt es, wenn eine Regel in der Unterrichtsstunde verletzt wurde.

- Jede Gruppe entscheidet nach einer Unterrichtsstunde gemeinsam, ob sie sich selbst einen Plus- oder Minuspunkt gibt und vermerkt dies mit einem Folienstift auf dem laminierten Gruppenblatt (siehe Kopiervorlage 1). Eine andere Möglichkeit ist es, mit Wäscheklammern zu arbeiten: Jede Gruppe nimmt sich nach einer Stunde eine Wäscheklammer, wenn sie die Regeln befolgt hat. Oder gibt eine Wäscheklammer ab, wenn sie die Regeln verletzt hat.
- Am Ende einer Woche werden die Punkte für jede Gruppe gezählt und entsprechend von Ihnen vermerkt.

Die **Regeln** werden **gemeinsam** von allen Schülerinnen und Schülern festgelegt. Alle müssen den Sinn der Regeln verstehen:
- Alle Schülerinnen und Schüler haben zu Beginn der Unterrichtsstunde ihr Material auf dem Tisch liegen.
- Keiner ruft einfach während des Unterrichts in die Klasse hinein.
- Keiner kaut Kaugummi.
- Die Gruppe, die nach einem festgelegten Zeitraum von etwa einer Woche bis einen Monat die meisten Pluspunkte zusammengetragen hat, erhält vom Klassenlehrer eine Belohnung. Es bietet sich an, gemeinsam z. B. Eis oder Pizza essen zu gehen, um das Wir-Gefühl der Tisch-WG zu stärken.

Konzept 2: Viele Chefs (nach Bratz 1998)

Schüler übernehmen Verantwortung

Das Konzept „Viele Chefs" stammt ursprünglich aus der Grundschulpädagogik. Es dient dazu, jeder Schülerin und jedem Schüler **Wertschätzung** entgegenzubringen und ihm oder ihr Verantwortung zu übertragen.
- Jedem Schüler und jeder Schülerin wird eine feste Aufgabe zugewiesen.
- Der- oder diejenige ist „Chef" in der Aufgabe, d. h. er oder sie kontrolliert und ist Ansprechpartner z. B. für den Stundenplan, die Uhrzeit etc.
- Sie hängen Listen mit Aufgaben aus, in die sich die Schülerinnen und Schüler eintragen (siehe Kopiervorlage 2). Die Aufgaben sind unterschiedlich komplex, sodass wirklich alle Schülerinnen und Schüler eine Aufgabe übernehmen können.
- Wenn sich mehrere Schüler für eine Aufgabe eintragen, müssen sich die Schüler für diese Aufgabe beim Lehrer schriftlich bewerben.
- Sie wählen dann entsprechend aus.

In Erweiterung zu Konzept 1:
- Minuspunkte werden von Ihnen an die jeweilige Tischgruppe eines Chefs vergeben, wenn er seine Aufgabe nicht richtig erledigt.

- Minuspunkte werden von Ihnen an die Tischgruppe des Schülers gegeben, der verhindert, dass ein Chef seine Aufgabe richtig erledigen kann.

Die Schülerinnen und Schüler übernehmen nicht nur Verantwortung, sondern auch für Sie wird nach ein paar Wochen der Eingewöhnungsphase die Organisation des Unterrichts erleichtert: Die Verwaltung von Lernmaterialien kann so z. B. leichter organisiert werden, Vertretungsstunden werden einfacher an den regulären Unterricht angepasst und bei Ausfall des Klassenlehrers kommt es nicht zu einem „Systemzusammenbruch".

Konzept 3: Klassen- und Lernklima bewerten und diskutieren (nach Sänger 2006)

Mehr Mitbestimmung einüben

In höheren Klassen sollten Sie Schülerinnen und Schüler stärker aktiv in die Gestaltung des Unterrichts miteinbeziehen und ihnen die Möglichkeit geben, sich im gemeinsamen Klassengespräch über Probleme in der Klasse und Lösungswege auszutauschen. Der Weg zur Selbstbestimmung durch **Mitbestimmung** stellt für Schülerinnen und Schüler eine Herausforderung dar und muss eingeübt werden.

Mit Hilfe der Klassenklimakarte (siehe Kopiervorlage 3) können Schülerinnen und Schüler sich selbst zu bestimmten Fragestellungen, die die Klasse betreffen, verorten. Jeder der vier Bereiche wird mit einer Frage überschrieben, die z. B. das persönliche Wohlbefinden in der Klasse oder aber auch die Organisation des Unterrichts betreffen. Mögliche Fragen können sein:
- Fühle ich mich wohl in der Klasse?
- Bin ich mit meinen Lernerfolgen zufrieden?
- Kann ich gut in der Klasse lernen?
- Bin ich mit dem Unterricht zufrieden?

Die Fragen sollten wie im Beispiel oben inhaltlich eng beieinanderliegen, um die Schülerinnen und Schüler zur Reflexion anzuregen, da die Ursachen für einen persönlichen Lernerfolg oder eben Misserfolg auf ganz unterschiedlichen Ebenen liegen können. Gleiches gilt natürlich auch für das eigene Wohlbefinden in der Klasse.

Alle Schülerinnen und Schüler sollen sich mit jeweils einem Punkt pro Frage auf dem Blatt positionieren. Sie positionieren sich alle auf *einem* Blatt, um ein **Gesamtbild des Klassenklimas** zu erhalten. Je weiter sie sich in der Mitte verorten, desto zufriedener sind sie in diesem Bereich. So kann jeder zeigen, wie er sich fühlt, und es wird deutlich, welche Tendenzen sich daraus in der gesamten Gruppe ergeben.

Die Klimakarte hilft, dies zu visualisieren, und ist die Grundlage für ein Gespräch in der Klasse. Lässt sich der Klimakarte z. B. entnehmen, dass sich aktuell besonders viele Schülerinnen und Schüler in der Klasse unwohl fühlen, gilt es, in einem gemeinsamen Gespräch die Ursachen zu ermitteln:

- Was hat sich in der Klasse verändert?
- Liegt es eher am Verhalten der Lehrkraft oder am Verhalten anderer Schüler aus der Klasse?
- Was müsste verändert werden, damit sich alle wieder wohlfühlen?
- Welche Unterstützung erwartet die Klasse von der Lehrkraft?

Ähnliche Fragen lassen sich auch für die Auswertung der drei anderen Bereiche stellen. Wichtig ist dabei, dass auch offen Kritik an der Lehrkraft geübt werden darf. Durch die Anonymität der Methode kann dieses Gespräch offen geführt werden, da kein Einzelner gezwungen ist, sein persönliches Befinden vor der Klasse darzulegen. Falls der Klimakarte zu entnehmen ist, dass alle Bereiche positiv wahrgenommen werden, sollten Sie auch hier ein Gespräch führen, um den Schülerinnen und Schülern aufzuzeigen, was im Detail in der Klassengemeinschaft als positiv zu bewerten ist, um ihre Teamfähigkeit zu betonen und das Gemeinschaftsgefühl der Klasse noch weiter zu stärken

Die Klimakarte kann einmal im Monat, bei Bedarf auch häufiger, zum Einsatz kommen, um in einer festen Klassenstunde gemeinsam nach Lösungen zu suchen.

Selbstbeobachtung der Lehrperson

Regelmäßig Ihr Lehrerverhalten evaluieren

Für ein gutes Classroom Management ist es wichtig, dass Sie Ihr Verhalten als Lehrperson den Schülerinnen und Schüler gegenüber **evaluieren.** Oft fehlen im hektischen Schulalltag mit all seinen Herausforderungen und Unwägbarkeiten die Zeit und die Muße dazu. Der Selbstbeobachtungsbogen soll Sie bei der Evaluation Ihres Verhaltens unterstützen und Ihnen zeigen, in welchen Bereichen in Ihrer Klasse schon alles optimal läuft und wo noch Optimierungsbedarf besteht (siehe Kopiervorlage 4).

Der Selbstbeobachtungsbogen kann auch genutzt werden, um sich unter Kollegen als „kritische Freunde“ Rückmeldung zu geben und so die Weiterentwicklung des Unterrichts voranzubringen.

Literaturnachweise

BRATZ, JÖRG (1998): Das ist Chefsache. In: Grundschule Heft 4, 20-22

HELMKE, ANDREAS (2009): Unterrichtsqualität und Lehrerprofessionalität. Diagnose, Evaluation und Verbesserung des Unterrichts. Klett, Kallmeyer: Seelze-Velbert

KOUNIN, JACOB S. (2006): Techniken der Klassenführung (Reprint). Waxmann: Münster

SÄNGER, ANTJE (2006): Projekt „Selbstwirksamkeit". Berlin: BLK-Programm „Demokratie lernen und fördern". http://blk-demokratie.de/fileadmin/public/praxisbausteine/selbstwirksamkeit_th/TH_Selbstwirksamkeit.pdf (letzter Zugriff am 29.05.2014)

4 Intelligenz

Jeder hat eine Vorstellung davon, was mit Intelligenz gemeint ist. Eine einheitliche wissenschaftliche Definition des Begriffs ist hingegen bis zum heutigen Tage nicht vorhanden. Es gibt zahlreiche, unterschiedliche **Intelligenzkonzepte** (wie das Generalfaktorenmodell von SPEARMAN, das Primärfaktorenmodell von THURSTONE, die Unterscheidung zwischen kristalliner und fluider Intelligenz nach CATELL u.v.m.), die die Grundlage für unterschiedliche Testverfahren bilden. Dies führte schließlich zu der prägnanten Aussage des US-amerikanischen Psychologen EDWIN BORING: „Intelligenz ist das, was der Intelligenztest misst" (BORING 1923).

Einigkeit besteht jedoch hinsichtlich der Grundannahme, dass Intelligenz in der Bevölkerung normalverteilt ist. Die Gauß- oder Normalverteilung wurde von CARL FRIEDRICH GAUß entdeckt und hat die folgende bekannte Glockenform:

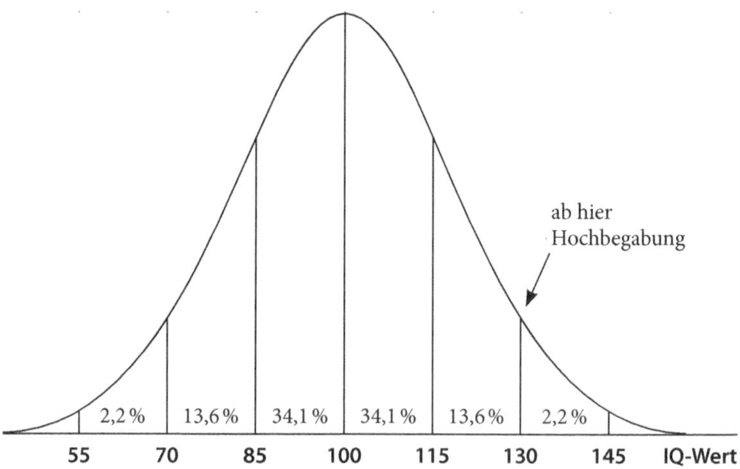

Die Intelligenzverteilung nach Gauß bildet die Intelligenzausprägung der Bevölkerung ab (in Prozent).

Bei der Verwendung des **Intelligenzquotienten** (IQ) wird von einer Normalverteilung mit einem Mittelwert = 100 und einer Standardabweichung = 15 ausgegangen. Entsprechend haben zwei Drittel aller Menschen einen IQ zwischen 85 und 115 und befinden sich damit im durchschnittlichen Bereich. Jeweils 13,6 Prozent der Bevölkerung liegen im Bereich zwischen 70 bis 85 (unterdurchschnittliche Leistung) bzw. 115 bis 130 IQ-Punkten (überdurchschnittliche Intelligenz).

Von Hochbegabung spricht man, wenn die intellektuelle Leistungsfähigkeit mindestens zwei Standardabweichungen über dem Mittelwert der Referenzpopulation liegt, d. h. ab einem IQ von 130. Ein solches Ergebnis erzielen nur etwa zwei Prozent der Bevölkerung. Ebenfalls zwei Prozent erzielen ein deutlich unterdurchschnittliches Ergebnis (< 70) und liegen daher im Bereich der Intelligenzminderung. Diese Grenzwerte wurden irgendwann einmal willkürlich festgelegt, sind aber inzwischen international gebräuchlich.

Intelligenzdiagnostik

Es gibt zahlreiche verschiedene **Intelligenztests.** Dabei unterscheidet man zwischen *eindimensionalen* Tests, die nur durch eine Aufgabenform einen ersten Orientierungswert für die Intelligenz bieten, und *mehrdimensionalen* Tests, die durch verschiedene Aufgaben unterschiedliche Bereiche messen und somit ein Intelligenzprofil (z. B. sprachliche und mathematische Fähigkeiten) liefern. Dies ist wichtig, da der Gesamt-IQ-Wert als Durchschnittswert nichts über Begabungen in verschiedenen Bereichen aussagt und so z. B. geringe sprachliche Leistungen eine Hochbegabung im mathematischen Bereich verschleiern könnten.

Die ermittelten Werte sind testabhängig

Grundsätzlich gilt Intelligenz als sehr stabiles Merkmal. Allerdings ist besonders bei sehr kleinen Kindern zu beachten, dass der ermittelte Intelligenzquotient eine Aussage über den *momentanen* Entwicklungsstand macht. Da die Entwicklung bei Kindern in unterschiedlichen Geschwindigkeiten verläuft, kann es hier noch zu Verschiebungen kommen.

Bei der Bewertung eines IQ-Wertes sollte man darüber hinaus im Hinterkopf behalten, dass jeder Intelligenztest auf der Basis eines bestimmten Intelligenzkonstrukts Messungen anstellt. Entsprechend sind die ermittelten Werte testabhängig. Auch sind alle Intelligenzmessungen mit einem gewissen Messfehler (etwa fünf IQ-Punkte) behaftet. Daher sind IQ-Werte nicht als absolut zu nehmen. Die Aussage, dass eine Person mit einem IQ = 104 intelligenter ist als eine andere mit einem IQ von 100 ist einfach falsch.

Darüber hinaus nehmen natürlich auch andere Faktoren neben der Intelligenz oftmals einen großen Einfluss auf die Testergebnisse. So haben neben der Motivation bei der Aufgabenbearbeitung, Sprachkenntnisse und auch der kulturelle Hintergrund eines Menschen Auswirkung auf das erzielte Ergebnis.

Auf dem Markt gibt es eine Reihe verschiedener Intelligenztests. Es kommen immer wieder neue Tests (bzw. auch alte Tests unter einem neuen Namen) hinzu, da Intelligenztests regelmäßig normiert werden müssen. Hintergrund hierfür ist der sogenannte „Flynn-Effekt“, die Tatsache, dass Kinder mit älteren Tests im Laufe der Jahre immer intelligenter getestet werden. Als Grund hierfür wird ein immer früheres Intelligenztraining der Kinder durch TV, Internet etc. angenommen. Zu den häufig eingesetzten Intelligenztests zählen:

Welche Intelligenztests werden häufig verwendet?

- **Culture Fair Intelligence Test** (deutsche Bearbeitung von Weiss, 2006): CFT-20-R (für die Altersgruppe 8;5 bis 19;00 Jahre, Normierung von 2003 / 2004). Zu den Vorteilen dieses Testverfahrens gehören seine kurze Bearbeitungsdauer (daher ökonomisch einsetzbar) und seine Sprachfreiheit. Es ist daher für Kinder mit sprachlichen Einschränkungen aufgrund mangelnder Deutschkenntnisse, bei Mutismus (psychogenes Schweigen, d. h. Stummheit, obwohl die Fähigkeit zu sprechen grundsätzlich vorhanden ist) oder für Kinder mit Hörschädigungen geeignet. Allerdings ist der Test eindimensional und kann daher nur einen ersten Orientierungswert für die Intelligenz liefern. Für eine jüngere Altersgruppe gibt es den CFT-1-R (Weiss / Osterland 2013).
- **Snijders-Oomen non-verbaler Intelligenztest** (Tellegen et al. 2012): SON-R 6-40 (für die Altersgruppe 6;0 bis 40;11 Jahre, Normierung von 2009-2011). Dies ist ein sprachfreies, mehrdimensionales Verfahren. Für eine jüngere Altersgruppe gibt es den SON-R 2,5-7 (Tellegen et al. 2007).
- **Kaufman Assessment Battery for Children,** deutsche Version (Kaufman et al. 2009): K-ABC (für die Altersgruppe 2;6 bis 12;5 Jahre). Mehrdimensionales Verfahren, welches aufgrund der vielen (z. B. auch sprachfreien) Untertests individuelle Stärken und Schwächen gut erfassen kann. Ein Nachteil ist das veraltete Testmaterial und die Testnormierung von 1986-1989, was zu einer Überschätzung der Intelligenz führt.
- **Wechsler Intelligence Scale for Children IV** (Wechsler et al. 2011): WISC-IV (für die Altersgruppe 6;0 bis 16;11 Jahre, Normierung von 2005 / 2006). Der WISC-IV ist ein mehrdimensionaler Intelligenztest, der dem früheren Verfahren HAWIK-IV (Hamburg-Wechsler-Intelligenztest für Kinder (Petermann / Petermann 2008) entspricht.
  Für Vorschulkinder (Altersbereich 3;0 bis 7;2 Jahre) gibt es die WPPSI-III (Wechsler et al. 2009), die Wechsler Preschool and Primary Scale of Intelligence III mit Normierung von 2009. Für Erwachsene den WIE

(Horn et al. 2006), den Wechsler Intelligenztest für Erwachsene für den Altersbereich von 16;0 bis 89 Jahre mit Normen von 1999-2005.

- **Intelligenz-Struktur-Test 2000 R** (Amthauer et al. 2007): IST-2000-R (für Jugendliche ab 15 Jahren und Erwachsene). Beim IST-200-R handelt es sich um ein mehrdimensionales, sprachgebundenes Verfahren.

Intelligenzminderung

Eine Intelligenzminderung ist eine sich in der Entwicklung manifestierende, stehen gebliebene oder unvollständige Entwicklung geistiger Fähigkeiten, mit besonderer Beeinträchtigung von Fertigkeiten, die zum Intelligenzniveau beitragen, wie z. B. Kognition, Sprache, motorische und soziale Fähigkeiten.

(Remschmidt et al. 2009)

Die Diagnostik einer Intelligenzminderung sollte daher neben einer Überprüfung des Intelligenzniveaus die Einschätzung der sozialen Anpassung beinhalten (vgl. hierzu Dilling/Freyberger 2008). Auch hierfür gibt es verschiedene Interviews und Fragebögen, die diese Informationen standardisiert von Eltern oder Betreuern erheben (etwa die Vineland Adaptive Behavior Scales-II: Sparrow et al. 2005).

Der Schweregrad der Intelligenzminderung wird folgendermaßen eingeteilt (vgl. hierzu Warnke 2008, 492/493):

- **Leichte Intelligenzminderung** (IQ-Bereich von 50 bis 69): Betroffene erreichen nach einer verzögerten Sprachentwicklung meist ein Sprachniveau, welches für das alltägliche Leben auseichend ist. Schulkenntnisse bis zum Niveau der sechsten Klasse sind erlernbar. Die Beschulung erfolgte bislang in Schulen mit dem Förderschwerpunkt „Lernen“ oder mit dem Förderschwerpunkt „geistige Entwicklung“. Im Erwachsenenalter sind die Betroffenen entweder selbstständig oder in betreuten Einrichtungen, eine Selbstständigkeit in alltagspraktischen Tätigkeiten wird erreicht.
- **Mittelgradige Intelligenzminderung** (IQ-Bereich von 35 bis 49): Die Sprachentwicklung der Betroffenen reicht meist zur Mitteilung der Basisbedürfnisse oder zur Teilnahme an einfachen Unterhaltungen. Schulkenntnisse bis zum Niveau der zweiten Klasse werden erreicht. Die Beschulung erfolgte bislang in Schulen mit Förderschwerpunkt „geistige Entwicklung“. Im Erwachsenenalter ist selten ein vollständig eigenständiges Leben möglich, gewöhnlich leben die Betroffenen in einer betreuten Einrichtung.

- **Schwere Intelligenzminderung** (IQ-Bereich von 20 bis 34): In der Kindheit erwerben die Betroffenen wenig oder keine sprachliche Kommunikationsfähigkeit, im Schulalter ist Sprechen für manche erlernbar. Rudimentäre Dinge (wie Zählen oder Kenntnis des Alphabets) sind erlernbar, ein mentales Alter von drei bis sechs Jahren wird erreicht. Die Beschulung erfolgte bislang in Schulen mit dem Förderschwerpunkt „geistige Entwicklung". Im Erwachsenenalter ist eine kontinuierliche Hilfe notwendig, grundlegende Selbstversorgungsfertigkeiten sind jedoch erlernbar.
- **Schwerste Intelligenzminderung** (IQ unter 20): Die Betroffenen sind nur zu rudimentärer nonverbaler Kommunikation fähig. Ein Verständnis für einfachste Forderungen kann entwickelt werden, ein mentales Alter von drei Jahren wird nicht erreicht. Die Beschulung erfolgte bislang in Schulen mit Förderschwerpunkt „geistige Entwicklung". Im Erwachsenenalter sind die Betroffenen auf ständige Hilfe und Überwachung angewiesen.

Es ist davon auszugehen, dass 1 bis 2,5 Prozent der Bevölkerung die Kriterien für eine Intelligenzminderung erfüllen. 85 Prozent dieser Gruppe leidet an einer leichten intellektuellen Beeinträchtigung, 10 Prozent an einer mittelgradigen, die restlichen 5 Prozent an einer schweren bis schwersten Intelligenzminderung.

Kinder und Jugendliche mit Intelligenzstörungen sind besonders anfällig für psychische Erkrankungen und Verhaltensprobleme. Dabei sind diese Verhaltensauffälligkeiten der Betroffenen oftmals die „Barriere im Zusammenhang mit Inklusion und Partizipation" (Weber/Rojahn 2009, 363). Entsprechend gilt es im Unterricht gemäß des Leistungsvermögens reduzierte Anforderungen an die Lernleistungen zu stellen. **Keine Abstriche sollten jedoch hinsichtlich der Einhaltung von Verhaltensregeln gemacht werden!**

Auch (leicht) intellektuell beeinträchtigte Kinder und Jugendliche können Regeln des sozialen Miteinanders verstehen und befolgen, wenn sie klar und eindeutig formuliert werden. Es ist für den weiteren Lebensweg, für die Integration dieser Kinder und Jugendliche elementar, dass sie dies lernen. Dabei sind weniger die langen, klärenden Gespräche hilfreich, die auf eine Einsicht des Betroffenen setzen, als vielmehr klare Konsequenzen und Maßnahmen, die für die Kinder und Jugendlichen auf der Verhaltensebene direkt spür- und erlebbar sind.

Hier gilt die Vorgabe, dass Konsequenzen möglichst immer und sofort auf erwünschtes bzw. unerwünschtes Verhalten folgen sollten, noch einmal in besonderem Maße, da es den Betroffenen meist schwerer fällt, lange Zeiträume zu überblicken und entsprechende Verknüpfungen herzustellen. Absprachen wie „wenn du dieses Halbjahr gut mitmachst, darfst du am Schulausflug teilnehmen" werden wenig Erfolg haben. Vielmehr sollten sich Belohnungen bzw. Bestrafungen direkt an das erwünschte bzw. unerwünschte Verhalten anschließen.

Umgang mit Eltern intelligenzgeminderter Kinder

Einhaltung sozialer Regeln einfordern

In der Elternarbeit sollte im Vordergrund stehen, die Einhaltung der Verhaltensregeln durch die Kinder und Jugendlichen gemeinsam einzufordern. Dabei kann es hilfreich sein, im Gespräch mit den Eltern zu betonen: Die Einhaltung sozialer Regeln ist der wesentliche Schlüssel für die betroffenen Kinder und Jugendlichen zur Teilhabe an der Gesellschaft. Es sollte eine enge Abstimmung mit den Eltern hinsichtlich der schulischen und häuslichen Regeln und Konsequenzen erfolgen, da sich widersprechende Verabredungen insbesondere für intelligenzgeminderte Kinder und Jugendliche eine hohe Irritation bedeuten können.

Eltern intellektuell beeinträchtigter Kinder und Jugendlicher können von verschiedenen Stellen (u. a. Krankenkassen, Jugendhilfe, Pflegekasse, Versorgungsamt, Träger des sozialen Entschädigungsrechts z. B. bei Impfschäden, gesetzliche Unfallversicherungen, Sozialhilfeverwaltung) Unterstützung erhalten. Da Intelligenzminderungen in der Regel bereits in der frühesten Kindheit deutlich werden, ist davon auszugehen, dass die Familien bereits entsprechende Hilfen bekommen. Sollte dies nicht so sein, kann zur Beratung an die genannten Stellen verwiesen werden.

Hochbegabung

Woran erkennt man Hochbegabung?

Viele Eltern vermuten bei schulischen Schwierigkeiten ihrer Kinder schnell eine Unterforderung des Kindes im Unterricht aufgrund einer besonderen Begabung. Diese schmeichelhafte Erklärung für zahlreiche schulische Probleme ist nachvollziehbar, aber nicht immer zutreffend. Welche Merkmale können im schulischen Kontext auf eine Hochbegabung hinweisen?

- Gute Schulleistungen (in allen oder einzelnen Fächern),
- Freude an geistiger Herausforderung,
- Unmut bei Wiederholungen,
- häufig kreative Lösungswege (auch ohne Lösung),
- hartnäckiges Festhalten am eigenen Weg,

- regelmäßiges Abgelenkt-Sein (in Gedanken vertieft),
- motorische Unruhe bei Unterforderung,
- fordernder Kontakt zum Lehrer,
- viel Interesse für Sachthemen jenseits des Unterrichts,
- soziale Anschlussprobleme.

Eine dauerhafte Unterforderung kann zu Langeweile und in der Folge zu Störverhalten führen, zahlreiche (für das hochbegabte Kind) unnötige Wiederholungen und Übungen im Schulunterricht können eine Beeinträchtigung von Motivation, Anstrengungsbereitschaft und Unterrichtsbeteiligung zur Folge haben.

Manche Hochbegabte verfügen über ein nur wenig effizientes Arbeits- und Lernverhalten und können aufgrund wiederholter Misserfolgserlebnisse eine depressive Symptomatik entwickeln. Allerdings können diese Verhaltensweisen auch andere Ursachen haben, weshalb es nicht möglich ist, allein aufgrund dieser Hinweise Rückschlüsse auf eine Hochbegabung zu ziehen. Hierüber kann nur ein von einem Fachmann durchgeführter Intelligenztest Aufschluss bieten, der im Falle eines entsprechenden Verdachts auch anzuraten ist. In einem solchen Fall werden die Kosten von der Krankenkasse übernommen. Sollten Eltern nur „einfach mal so" wissen wollen, wie intelligent ihre Kinder sind, ist eine Testung keine Kassenleistung und wird in der Regel auch von Fachkräften abgelehnt. Um Hochbegabung zu verifizieren, müssen in zwei mehrdimensionalen Intelligenztests Werte im IQ-Bereich von mindestens 130 Punkten erzielt werden.

Schulischer Erfolg hochbegabter Schüler

Welche Auswirkungen hat Hochbegabung für die Schüler?

Grundsätzlich ist eine hohe Begabung nicht gleichzusetzen mit einer guten (Schul-)Leistung auf der Verhaltensebene, da als vermittelnde Faktoren die Motivation und die Umwelt zwischengeschaltet sind. Man spricht daher bei Hochbegabten von den „hochbegabten Achievern" mit guter Schulleistung und den „hochbegabten Underachievern" mit schwacher Schulleistung. Gleichzeitig gibt es auch unter den Hochleistenden eine große Gruppe durchschnittlich Begabter („normalbegabte Overachiever").

Das Marburger Hochbegabtenprojekt (nach dem Leiter Prof. Detlef Rost auch „Rost-Studie" genannt) erbrachte folgende Ergebnisse (vgl. hierzu Rost 1993):

Für die meisten Kinder stellt Hochbegabung eine Chance zu einer überdurchschnittlichen Leistungsentwicklung bei guter Anpassung und Integration dar.

Für einige Kinder jedoch führt die Hochbegabung zu einer problematischen Leistungs- und Persönlichkeitsentwicklung, die weder bagatellisiert noch dramatisiert werden sollte. Etwa 12 Prozent der hochbegabten Kinder sind „Underachiever“. Diese erzielten in der Untersuchung ungünstige Werte für Selbstkonzeptvariablen (eigene Bewertung z. B. der Beliebtheit, der Zufriedenheit, der seelischen Stabilität), negative Bewertungen der Eltern (z. B. hinsichtlich der sozial-emotionalen Reife, der Leistungsfähigkeit) und der Lehrer (geringe soziale Integration). Um solchen individuellen, ungünstigen Entwicklungsverläufen möglichst frühzeitig gegensteuern zu können, sind rechtzeitige Diagnostik und Beratung sinnvoll.

Ein weiteres Testergebnis am Rande: Hinsichtlich der Frage, inwieweit Lehrkräfte Hochbegabte identifizieren können, ergab sich empirisch eine „Bandbreite von nahezu vollständiger Übereinstimmung bis zu Nullkorrelation zwischen Lehrerurteil und Test“ (Rost 1993, 256).

So leid es uns tut, Sie müssen davon ausgehen, dass Sie in der Beurteilung der Intelligenz eines Schülers völlig daneben liegen können.

Umgang mit Eltern hochbegabter Kinder

Es gibt eine offensichtliche, verlockende Falle im Gespräch mit Eltern: Lassen Sie sich zu **keiner Bewertung der Intelligenz** des Kindes hinreißen! Sollten Eltern mit einer entsprechenden Vermutung auf Sie zukommen, kommentieren Sie dies nicht (auch wenn es Ihnen noch so absurd erscheint), sondern raten Sie immer zu einer testdiagnostischen Untersuchung durch einen Fachmann. Diese liefert dann ein objektives Ergebnis. Sollte sich die Hochbegabungstheorie der Eltern dann bestätigen, gilt grundsätzlich Folgendes: Hochbegabte Kinder sind **nicht anders als andere** Kinder – nur eben hochbegabt. Dies bedeutet: Auch hochbegabte Kinder brauchen Erfolgserlebnisse, Lob, soziale Integration. Es ist wichtig, diese Themen bei aller Hochbegabung nicht aus den Augen zu verlieren, sondern darauf zu fokussieren.

Sollten Verhaltensauffälligkeiten oder psychische Probleme (wie eine depressive Symptomatik oder mangelnde soziale Kompetenzen) vorliegen, werden hochbegabte Kinder im Rahmen einer Psychotherapie genauso behandelt wie normalbegabte Kinder, es kommen nur z. B. verstärkt bestimmte Methoden zur Anwendung.

Darüber hinaus haben hochbegabte Kinder manchmal keine guten Lernstrategien entwickelt, weil sie es lange gar nicht nötig hatten, diese zu erwerben. In einem solchen Fall kann eine **Lerntherapie** hilfreich sein (s. Kapitel zu den Teilleistungsstörungen).

Als dritter wichtiger Punkt ist eine geistige Förderung hochbegabter Kinder zu nennen, die einerseits außerschulisch (z. B. in entsprechenden Vereinen, durch entsprechende Hobbys), aber auch im Rahmen des Schulunterrichts erfolgen kann. Neben speziellen Schulen für Hochbegabte ist in der Regelbeschulung zu unterscheiden zwischen Möglichkeiten der *äußeren* Differenzierung (z. B. Überspringen von Klassen, Beschulung in höheren Klassen für einzelne Fächer, Teilnahme an Wettbewerben) und der *inneren* Differenzierung (z. B. binnendifferenzierte Aufgabenstellungen, **Zusatzangebote** wie das Erlernen einer weiteren Fremdsprache, selbstständiges Lernen im Rahmen einer Projektarbeit, Aufbau eines Helfersystems).

Literaturtipps

Bohl, Thorsten / Bönsch, Manfred / Trautmann, Matthias / Wischer, Beate (2012) (Hrsg.): Binnendifferenzierung: Teil 1: Didaktische Grundlagen und Forschungsergebnisse zur Binnendifferenzierung im Unterricht. Prolog: Immenhausen

Bönsch, Manfred / Moegling, Klaus (2012) (Hrsg.): Binnendifferenzierung: Teil 2: Unterrichtsbeispiele für den binnendifferenzierten Unterricht. Prolog: Immenhausen

Graumann, Olga (2002): Gemeinsamer Unterricht in heterogenen Gruppen: Von lernbehindert bis hochbegabt. Klinkhardt: Bad Heilbrunn

Heimlich, Ulrich (2009): Lerngeschwindigkeiten. UTB: Stuttgart

Kress, Karin / Pappas, Michaela (2013): Binnendifferenzierung in der Sekundarstufe I: Profi-Tipps und Materialien aus der Lehrerfortbildung. Auer: Donauwörth

Preckel, Franzis / Baudson, Tanja Gabriele (2013): Hochbegabung: Erkennen, Verstehen, Fördern. C.H. Beck: München

Literaturnachweise

Boring, Edwin G. (1923): Intelligence as the Tests Test It. In: New Republic 36. Jg., 35-37

Dilling, Horst / Freyberger, Harald (2008): Taschenführer zur ICD-10-Klassifikation psychischer Störungen. 4., überarbeitete Auflage. Hans Huber: Bern

Horn, Ralf / Neubauer, Aljoscha / von Aster, Michael (2006): WIE. Wechsler Intelligenztest für Erwachsene. Hogrefe: Göttingen

Kaufman, Alan S. / Kaufman, Nadeen L. / Melchers, Peter / Preuss, Ulrich (2009): Kaufman Assessment Battery for Children, dt. Version (K-ABC). 8. Aufl. Pearson Assessment: Frankfurt / Main

Liepmann, Detlev / Beauducel, Andre / Brocke, Burkhard / Amthauer, Rudolf (2007): Intelligenz-Struktur-Test 2000 R (I-S-T 2000 R). Manual. 2., erweiterte und überarbeitete Aufl. Hogrefe: Göttingen

Petermann, Franz / Petermann, Ulrike (2008). Hamburg-Wechsler Intelligenztest für Kinder IV (HAWIK-IV). Huber: Bern

Remschmidt, Helmut / Schmidt, Martin / Poustka, Fritz (2009): Multiaxiales Klassifikationsschema für psychische Störungen des Kindes- und Jugendalters nach ICD-10 der WHO. 5., vollständig überarbeitete und erweiterte Auflage. Huber: Bern

Rost, Detlef H. (1993): Lebensumweltanalyse hochbegabter Kinder. Das Marburger Hochbegabtenprojekt. Hogrefe: Göttingen

Sparrow, S. S. / Cicchetti, D. V. / Balla, D. A. (2005): Vineland II – Vineland Adaptive Behavior Scales (2nd edition). Survey Forms Manual. Circle Pines, MN: AGS

Tellegen, Peter J. / Laros, Jacob A. / Petermann, Franz (2007): SON-R 2,5-7. Snijders-Oomen non-verbaler Intelligenztest von 2,5 bis 7 Jahre. 2., veränd., dt. norm. Aufl. Hogrefe: Göttingen

Tellegen, Peter J. / Laros, Jacob A. / Petermann, Franz (2012): SON-R 6-40. Non-verbaler Intelligenztest. I. Technisches Manual. Hogrefe: Göttingen

Warnke, Andreas (2008). Intelligenzminderung. In: Herpertz-Dahlmann, Beate / Resch, Franz / Schulte-Markwort, Michael / Warnke, Andreas (2008) (Hrsg.): Entwicklungspsychiatrie. Biopsychologische Grundlagen und die Entwicklung psychischer Störungen. 2. Auflage. Schattauer: Stuttgart, 487-526

Weber, Germain / Rojahn, Johannes (2009): Intellektuelle Beeinträchtigung. In: Schneider, Silvia / Margraf, Jürgen (2009) (Hrsg.): Lehrbuch der Verhaltenstherapie. Band 3: Störungen im Kindes- und Jugendalter. Springer: Heidelberg, 351- 366

Wechsler, David / Petermann, Franz / Lipsius, Maike (2009): WPPSI-III. Wechsler Perschool and Primary Scale of Intelligence. Hogrefe: Göttingen

Wechsler, David / Petermann, Franz / Petermann, Ulrike (2011): Wechsler Intelligence Scale for Children – Fourth Edition (dt. Version) (WISC-IV). Pearson Assessment: Frankfurt / Main

Weiss, Rudolf H. (2006): Grundintelligenztest Skala 2 – Revision – (CFT 20-R). Hogrefe: Göttingen

Weiss, Rudolf H. / Osterland, Jürgen (2013): Grundintelligenztest Skala 1: CFT 1-R. Hogrefe: Göttingen

5 Zusammenarbeit mit den Eltern

Im Folgenden möchten wir Ihnen einige Tipps zum Umgang mit Eltern geben. Manches wird Ihnen bereits bekannt sein – nehmen Sie dies als Bestätigung, dass Sie bereits vieles richtig machen und in Ihrer Arbeit beibehalten sollten. Wir möchten Ihnen dazu die psychologischen Hintergründe liefern sowie Ideen zu eventuell möglichen weiteren Verbesserungen in der Zusammenarbeit mit Eltern ergänzen.

Grundsätzliche Regeln im Umgang mit Eltern

In der Psychologie ist folgender Grundsatz bekannt: Positive Kontexte können leichter verlassen werden als negative. Dies bedeutet, dass es Personen leichter fällt, Schwächen einzugestehen und sich auf deren Veränderung einzulassen, wenn sie nicht von vornherein in eine Verteidigungshaltung gegenüber dem „Ankläger" geraten (müssen). Aus diesem Wissen leiten sich die ersten beiden Grundregeln ab:

1. **Betten Sie Kritik an einem Kind immer in die Rückmeldung von Stärken ein.** Setzen Sie sich vor einem Elterngespräch hin und überlegen Sie, was der Schüler gut kann oder was an ihm liebenswert ist. Eine Vergegenwärtigung dessen wird Ihnen ohnehin die Arbeit mit Ihren Schülern erleichtern. Versuchen Sie sich bewusst zu machen, dass jedes Kind grundsätzlich auch lieber keine oder weniger Konflikte hätte, wenn es eine Möglichkeit sähe, dies zu erreichen.

Eltern nicht in Verteidigungshaltung drängen

2. **Formulieren Sie Kritik positiv.** Es macht einen großen Unterschied, ob Sie den Eltern sagen: „Ihr Kind ist lebhaft und aktiv" oder „Ihr Kind zappelt und nervt". Machen Sie sich einmal die Mühe, alle negativen Bewertungen des Schülers positiv umzuformulieren. Häufig erleichtert es die Arbeit mit diesen Kindern, wenn man sie anstatt als „störrisch und impulsiv" als „willensstark und temperamentvoll" betrachtet.
3. **Sagen Sie nichts, was nicht stimmt.** Manchmal hat man den Impuls, Kinder und Eltern trösten zu wollen, und beginnt vor diesem Hintergrund, Dinge zu sagen, die nicht stimmen. Damit ist weder dem Kind noch den Eltern geholfen. Lassen Sie es darum besser.
4. Formulieren Sie Rückmeldungen an Eltern als das, was sie sind: Beobachtungen. Bleiben Sie auf einer Verhaltensebene und **geben Sie keine**

Globalurteile ab (nicht: „Hans ist dumm", sondern: „Hans hat in Mathe Schwierigkeiten beim Bruchrechnen").

5. Machen Sie den Eltern Ihre Motivation deutlich und **versuchen Sie, zu einer gemeinsamen Zielsetzung zu gelangen.** Erklären Sie, warum Sie sich die Mühe für dieses Gespräch machen, nämlich, weil Sie dem Kind helfen wollen. Alle Eltern wünschen sich für ihre Kinder gute Zukunftschancen. Diese werden ganz erheblich vom schulischen Erfolg und von der späteren beruflichen Leistungsfähigkeit des Kindes bestimmt.
   Vermitteln Sie den Eltern also, dass Sie nicht das Ziel haben, dem Kind den schulischen Erfolg zu verwehren, sondern vielmehr ebenso wie die Eltern dem Kind eine erfolgreiche schulische und berufliche Laufbahn ebnen möchten, indem Sie wichtige Trainingsbereiche ansprechen und diese mit Kind und Eltern gemeinsam angehen wollen (z. B.: „Robin hat viel Potential, er ist ein schlauer Junge. Die Schwierigkeit liegt darin, dass er dieses Potential in der Schule derzeit nicht abrufen kann. Es fällt ihm schwer, Aufgaben zu Ende zu bringen, Anweisungen vollständig zu folgen, sodass er unnötige Fehler macht. Lassen Sie uns gemeinsam überlegen, wie Robin dies lernen kann, denn auch später im Berufsleben wird dies von ihm gefordert werden.").
6. **Fragen Sie die Eltern nach ihren Erfahrungen mit dem Kind im häuslichen Kontext.** Stellen Sie sich dabei auf zwei häufige Reaktionen ein:
   a) Eltern beschreiben das häusliche Verhalten ihres Kindes als völlig problemlos. In diesem Fall: Egal, wie unwahrscheinlich Ihnen das erscheint, **zweifeln Sie dies nicht an!** Kommentieren Sie es positiv und fokussieren Sie im weiteren Verlauf auf die Anforderungen des schulischen Alltags, die mit dem Familienleben zu Hause nicht zu vergleichen sind („Es freut mich zu hören, dass Robin dies zu Hause so gut gelingt. Offensichtlich besitzt er viele Kompetenzen, die er in der Schule nicht abrufen kann. Dies ist nicht selten, da er in der Klasse eines von 30 Kindern ist und lange Schulstunden mit hohen Anforderungen an die Konzentration bewältigen muss. Lassen Sie uns gemeinsam überlegen, wie Robin lernen kann, seine Fähigkeiten auch in der Schule und später im Berufsleben einzusetzen.").
   b) Eltern zeigen sich hilflos und berichten von massiven häuslichen Schwierigkeiten. In diesem Fall: **Würdigen Sie die Belastung und die Schwierigkeit!** Fragen Sie die Eltern nach professioneller Unterstützung. Sollte diese noch nicht installiert sein, knüpfen Sie an

dieser Stelle an, um Eltern zu entsprechenden Schritten zu motivieren, und zeigen Sie Hilfsmöglichkeiten auf.

7. **Formulieren Sie Ratschläge als Erfahrungswerte** im Umgang mit anderen Kindern und anderen Eltern mit vergleichbaren Problemen. Oft können Eltern dies deutlich besser annehmen, als wenn sie den Eindruck gewinnen, hier erklärt ein vermeintlicher Experte, was das Richtige für das eigene Kind ist.
8. **Machen Sie sich vor dem Gespräch bewusst, wie emotional aufgeladen das Thema Kinder in der Regel für die Eltern ist.** Versuchen Sie insbesondere, Verteidigungsversuche von Fehlverhaltensweisen des Kindes zu würdigen („Ich merke, Sie kämpfen wie eine Löwenmutter für Ihr Kind. Das finde ich toll. Gleichzeitig tun wir Robin keinen Gefallen, wenn wir alles gutheißen, was er tut. Wir nehmen ihm dadurch die Chance, etwas zu lernen und sich auf das spätere Leben vorzubereiten.“).
9. **Erklären Sie Eltern, warum Strukturen und klare Regeln mit Konsequenzen hilfreich für das Kind sind.** Verdeutlichen Sie Eltern, dass Kinder und Jugendliche ohne Regeln und Strukturen überfordert sind. Ein gutes Bild kann hierfür sein, dass das Schwimmen im offenen Meer viele Kinder ängstigt, während dies in einem Schwimmbecken seltener der Fall ist. Grenzen haben nicht das Ziel, die Freiheiten und die Kreativität von Kindern einzuschränken, sondern ihnen einen sicheren Rahmen zu bieten, in dem sie wichtige Lernerfahrungen machen und zentrale Fähigkeiten (wie z. B. Umgang mit Frustration, Bedürfnisaufschub) entwickeln können.

Hilfen für eine Diagnosestellung geben

Wenn Eltern mit Ihnen *noch nicht* über eine eventuelle Diagnose des Kindes gesprochen haben und Sie nicht wissen, ob sich das Kind in Behandlung befindet:

- Melden Sie Beobachtungen zurück und empfehlen Sie die Vorstellung zur Diagnostik bei einem niedergelassenen Kinder- und Jugendtherapeuten, in einem Sozialpädiatrischen Zentrum oder einer Ambulanz. Meist ist hierfür der erste Schritt der Gang zum Kinderarzt. Meiden Sie es, Diagnosen zu nennen. Diagnosen müssen von entsprechend ausgebildeten Fachleuten gestellt werden. Überschreiten Sie hier nicht Ihre Kompetenzen, dies kann sich später rächen.
- Fragen Sie nach früheren / alternativen Erfahrungen der Eltern mit dem Kind (z. B. in der Grundschule, im Sportverein). Holen Sie sich schriftlich die wechselseitige Erlaubnis (d. h., dass sowohl Sie als auch ihr Ge-

sprächspartner von der Schweigepflicht entbunden sind), um mit dem Grundschullehrer Kontakt aufzunehmen. Dann können Sie nachfragen, welche Erfahrungen schon vorher mit dem Kind gesammelt wurden, und sich Tipps holen bzw. den Eltern auch diese Beobachtungen zurückmelden.

Wie können Sie eine Behandlung unterstützen?

Wenn die Eltern Sie *bereits* über eine Diagnose des Kindes *informiert* haben:

- Fragen Sie nach, ob sich das Kind in psychiatrischer oder psychotherapeutischer Behandlung befindet (zur Begriffsklärung: Kinder- und Jugendpsychiater sind Mediziner. Sie behandeln Patienten z.B. rein medikamentös, bieten manchmal jedoch auch eine Gesprächstherapie an. Kinder- und Jugendlichenpsychotherapeuten haben ein Psychologie- oder ein Pädagogik- oder Sozialpädagogikstudium absolviert. Sie bieten Gesprächstherapie an, dürfen jedoch keine Medikamente verschreiben. Fragen Sie nach, wie genau die Behandlung des Kindes aussieht!).
- Falls ja, stimmen Sie sich mit den Eltern ab, woran gerade in der Therapie gearbeitet wird und wie die Schule in diesen Bereich mit einbezogen werden kann. Oftmals arbeiten Eltern mit Verstärkerplänen, fragen Sie nach, inwieweit das Schulverhalten des Kindes mit aufgenommen werden kann. Holen Sie sich die schriftliche wechselseitige Erlaubnis, mit dem Therapeuten zu sprechen. Falls das Kind sowohl in psychiatrischer als auch psychotherapeutischer Behandlung ist, sprechen Sie mit dem Psychotherapeuten, da in diesem Fall dieser primär an den Verhaltensänderungen mit Eltern und Kind arbeitet, während der Psychiater die medikamentöse Betreuung übernimmt.
- Fragen Sie nach, ob das Kind medikamentös behandelt wird, wann die Medikamente eingenommen werden und wer eine Einnahme während der Schulzeit überwacht.

Unsere Empfehlung: Suchen Sie bei schwierigen Schülern zeitnah das **Elterngespräch.** Dies hat den Vorteil, dass sich erstens die Probleme nicht so manifestieren können, wenn das Kind früh Hilfe erhält. Außerdem ist es hilfreich für Ihre „Psychohygiene“: je länger Sie sich mit dem Kind streiten oder die Probleme bestehen, desto gestresster oder ärgerlicher sind Sie vermutlich selber.

Auch die Klassensituation wird darunter leiden, wenn Sie mit dem Schüler häufiger negative Interaktionen eingehen; ein negativer Kreislauf entwickelt sich. Das tut weder Ihnen noch dem Schüler gut. Vielleicht kann es helfen, wenn Sie sich vor Augen halten, dass die wenigsten Kinder / Jugendlichen „nerven“ wollen. Dahinter steckt meist eine psychische Situation, die das Kind sehr belastet. Vermutlich wird es Ihnen dankbar sein, wenn Sie versuchen, hinter die Probleme zu schauen.

Literaturtipps

Korte, Jochen (2008): Erziehungspartnerschaft Eltern – Schule: Von der Elternarbeit zur Elternpädagogik. Beltz Verlag: Weinheim

Sacher, Werner (2014): Elternarbeit als Erziehungs- und Bildungspartnerschaft – Grundlagen und Gestaltungsvorschläge für alle Schularten. Julius Klinkhardt Verlag: Bad Heilbrunn

Aufmerksamkeits-Defizit-Hyperaktivitäts-Störung (ADHS)

6

Beispielsituation
Montag, zweite Stunde, Klasse 5b: Tom fällt mitten im Unterricht ohne ersichtlichen Anlass vom Stuhl. Das passiert auch anderen Kindern, leider ist dies bei Tom bereits das vierte Mal in dieser Stunde – trotz Ermahnung. Außerdem steht er wiederholt auf und läuft ohne wirklichen Grund zum Papierkorb.
Während Sie die Arbeitshefte aller Schülerinnen und Schüler einsammeln, wissen Sie schon, dass Toms Heft kaum zu lesen sein wird und unvollständig ist.
Als Sie nach der Stunde in das Lehrerzimmer kommen, erzählt Ihnen ein Kollege, dass Tom schon wieder kein Arbeitsmaterial dabei gehabt habe und dass er es nicht schaffe, die gestellten Aufgaben im Unterricht zu erledigen, weil er unkonzentriert sei. Auch seine Ermahnungen hätten Toms Verhalten nicht verändert.

Definition, Symptome, Häufigkeit

Der Begriff ADHS steht für Aufmerksamkeits-Defizit-Hyperaktivitäts-Störung. Betroffene Kinder und Jugendliche zeigen Auffälligkeiten in drei Bereichen:

- **Unaufmerksamkeit** (d. h. leichte Ablenkbarkeit, hohe Vergesslichkeit, Übersehen von Einzelheiten, kurze Konzentrationsspanne sowie Probleme, begonnene Tätigkeiten zu Ende zu bringen)
- **Hyperaktivität** (d. h. motorische Unruhe, die sich häufig durch Zappeln, Ruhelosigkeit, Aufstehen und Herumlaufen in unpassenden Situationen zeigt)
- **Impulsivität** (d. h. unüberlegtes Verhalten, Unfähigkeit abzuwarten, übermäßig vieles Reden)

Wann wird das Verhalten wirklich auffällig?

Diese beschriebenen Verhaltensweisen zeigen alle Kinder und Jugendliche. Es ist daher von einem fließenden Übergang zwischen normalem und auffälligem Verhalten auszugehen. Von einer Störung spricht man nur, wenn diese Merkmale stärker auftreten als bei anderen Kindern gleichen Alters und gleicher Intelligenz, wenn mehrere Lebensbereiche betroffen sind (d. h. sowohl in der Schule als auch zu Hause oder im Sportverein) und Alltagsfunktionen beeinträchtigt werden. Darüber hinaus müssen die Symptome bereits vor dem siebten Lebensjahr auftreten. Die Entwicklung einer entsprechenden Symptomatik in der achten Klasse im Lateinunterricht hat also andere Ursachen. Die Symptome treten vor allem in Situationen auf, in denen Tätigkeiten fremdbestimmt sind und eine hohe Ausdauer verlangt wird (wie z. B. in der Schule). Deutlich schwächer treten die Symptome auf, wenn die betroffenen Kinder nur mit einer Person zusammen sind oder sie ihrer Lieblingsbeschäftigung nachgehen (etwa Computerspielen).

Auch an andere Ursachen denken

Dabei darf nicht vergessen werden, dass die beschriebenen Merkmale auch eine andere Ursache als ADHS haben können (z. B. schulische Über- oder Unterforderung, Ängste oder emotionale Belastungen). Eine entsprechende Diagnose darf daher nur von einem Fachmann gestellt werden (vgl. hierzu Döpfner et al. 2007).

Es gibt verschiedene Unterformen der Störung, da nicht alle betroffenen Kinder gleich starke Auffälligkeiten in allen drei Bereichen zeigen. So unterscheidet man zwischen

- dem **Mischtyp** (Auffälligkeiten in allen drei Bereichen),
- dem vorwiegend **unaufmerksamen Typ** (weniger motorische Unruhe und Hyperaktivität, primär Aufmerksamkeitsschwächen, auch ADS-Syndrom genannt, „Träumer") und
- dem primär **hyperaktiv-impulsiven Typ** (weniger Aufmerksamkeitsstörungen, primär motorische Unruhe und Hyperaktivität, „Zappelphilipp").

Verwandte Begriffe sind „hyperkinetische Störungen" und „Hyperaktivitätsstörung".

Hinsichtlich der Häufigkeit dieser Erkrankung schwanken die ermittelten Zahlen stark. Derzeit geht man bei den 4-10-Jährigen von 3 bis 10 Prozent aus, Jungen sind deutlich häufiger betroffen (m:w 2:1 bis 5:1) (vgl. hierzu Lehmkuhl et al. 2008). Angesichts dieser Zahlen ist rein statistisch davon auszugehen, dass in jeder Schulklasse ein betroffenes Kind sitzt.

Neuere Studien weisen allerdings darauf hin, dass ADHS auch häufig überdiagnostiziert wird. Frühere Vorstellungen über ein „Auswachsen" der Störung ließen sich nicht bestätigen, bei 30 bis 60 Prozent der Erwachsenen bestehen die Schwierigkeiten fort. Mit zunehmendem Alter verändert sich jedoch die Symptomatik, so nimmt z. B. die körperliche Unruhe ab.

Ursachen

Insgesamt wird von einem multifaktoriellen Geschehen ausgegangen, d. h. nicht nur eine Ursache ist ausschlaggebend. Die Entstehung der Störung wird aktuell über ein **Diathese-Stress-Modell** erklärt. Diathese meint die Neigung eines Körpers, eine bestimmte Krankheit zu entwickeln. Trifft diese dann auf äußere oder innere Stressoren, kommt es wahrscheinlich zur Ausprägung des Störungsbildes.

Konkret bedeutet dies eine zentralnervöse Unteraktivierung des Gehirns; genauer gesagt: des Frontallappens. Der Frontallappen ist für die Hemmung und Kontrolle zuständig. Da er in diesem Fall nicht ausreichend aktiviert ist, kann er weiterführende Prozesse nicht hemmen. Daher liegt bei den Kindern eine Überaktivierung - oder auch Hyperaktivität - vor. Hierüber lassen sich dann wieder die drei Hauptkriterien **Impulsivität, motorische Unruhe** und **Unaufmerksamkeit** erklären.

Durch diese neurobiologischen Besonderheiten können bestimmte Fertigkeiten eventuell nicht abgerufen werden, bzw. sind weniger ausgeprägt vorhanden. Kinder, die diese Schwierigkeiten aufzeigen, können somit ihre Impulse nicht steuern, fallen z. B. durch „ungebremstes" Hineinrufen in die Klasse oder durch das Unvermögen, warten zu können, auf. Vermutet wird eine Beteiligung der Botenstoffe Dopamin, Serotonin und Noradrenalin.

Wichtig: nachdrückliche Impulse und mehr Struktur

Die neurobiologischen Einschränkungen verursachen vermutlich Mängel in den ausführenden Funktionen, wie der Lernfähigkeit und der Selbstkontrolle. Es wird davon ausgegangen, dass die biologische Veranlagung hierzu vorhanden ist, die soziale Umwelt aber entscheidend mit beeinflusst. So wird angenommen, dass Kinder, die unter einer ADHS leiden, mehr und nachdrücklichere Impulse und Struktur von außen benötigen, um ein angemessenes Verhalten zu lernen. Somit müssen Selbststeuerung und sozial angemessenes Verhalten in besonderem Maße erlernt und gefördert werden.

Es ist darüber hinaus eine hohe erbliche Komponente erwiesen. Die Ideen, dass gesteigerter Fernsehkonsum oder falsche Nahrungsmittel eine ADHS provozieren könnten, sind bislang nicht belegt.

Teufelskreis einer Lehrer-Schüler-Interaktion

Häufig geraten Eltern und Lehrer mit den betroffenen Kindern und Jugendlichen in typische Interaktionsabläufe, die zu weiteren Konflikten führen und zur Aufrechterhaltung der Symptomatik beitragen. Dies möchten wir an folgendem Teufelskreis einer Lehrer-Schüler-Interaktion sowie an dem dargestellten möglichen Ausstieg aus diesem Interaktionsmuster erläutern (modifiziert aus Döpfner et al. 2006 und 2007):

1. **Sie geben dem Schüler eine Aufforderung.**
   Der Schüler befolgt diese: Sie schenken ihm vermutlich keine weitere Beachtung, sondern richten Ihre Aufmerksamkeit wieder auf den Unterricht. Schüler, die unter einer ADHS leiden, reagieren schon alleine

aufgrund ihrer Aufmerksamkeitsprobleme und Impulsivität häufig jedoch nicht auf solche Aufforderungen.

2. **Sie wiederholen Ihre Aufforderung.**
   Je nach Klassensituation kann dies sehr häufig passieren. In der Regel werden Sie sich bei jeder Wiederholung der Aufforderung immer mehr ärgern, die Stimme wird eventuell immer lauter und gereizter. Zu diesem Zeitpunkt hat der Schüler wieder die Möglichkeit, schließlich doch das zu tun, was Sie gefordert haben. In diesem Fall wenden Sie sich – vermutlich schon recht ärgerlich – wieder dem Unterricht zu, oft mit Worten wie: „Warum nicht gleich so?"
   Reagiert der Schüler nicht auf das von Ihnen Gesagte, geht der Teufelskreis weiter …
3. **Sie drohen.**
   Vermutlich gehen Sie nun dazu über, Ihrem Schüler mit Strafen (z.B. Zusatzaufgaben, Nachsitzen, Ausschluss vom Unterricht) zu drohen. Da Sie an diesem Zeitpunkt schon sehr verärgert sind, stoßen Sie diese Drohungen sehr impulsiv aus. Auch diese Drohungen können mehrfach wiederholt werden und immer massiver ausfallen. Reagiert der Schüler ab einem gewissen Zeitpunkt, werden Sie, wie gerade oben schon geschildert, mit Ihrem Unterricht fortfahren – wenn auch sehr verärgert.
   Reagiert der Schüler immer noch nicht, folgt die nächste Stufe des Teufelskreises …
4. **Sie sind ratlos.**
   Meist wissen Sie an dieser Stelle nicht mehr weiter! Weder eine freundliche noch eine ärgerliche Aufforderung, noch Androhungen von Strafen bewegen den Schüler dazu, das zu tun, was Sie verlangen. Jetzt haben Sie zwei Möglichkeiten zu reagieren:
   - Sie geben nach, stellen Ihre Anforderungen ein; der Schüler stört z.B. weiter den Unterricht oder hat unvollständige Arbeitsmaterialien.
   - Im anderen Fall reagieren Sie vielleicht aggressiv auf den Schüler; Sie verhängen unangemessene Strafen, stellen ihn vor Mitschülern bloß oder werten ihn ab.

Welche Erfahrungen macht der Schüler im Teufelskreis?

In einem solchen Teufelskreis, den es genauso in der Interaktion zwischen Eltern und Kindern geben kann, macht das Kind oder der Jugendliche vielfältige, ungünstige Erfahrungen, die zu weiteren Verhaltensproblemen führen:

- Geben Sie am Ende des Teufelskreises nach, macht der Schüler die Erfahrung, dass er Ihr „Nerven“ nur lange genug aushalten muss, um dann seine Ruhe zu haben und um unliebsame Aufgaben herumzukommen. Er erfährt, dass er Ihre Aufforderungen und schließlich auch Drohungen nicht ernst zu nehmen braucht. Bei einer Ihrer nächsten Aufforderungen wird der Schüler noch eher dazu tendieren, nicht auf das zu reagieren, was Sie sagen und im Verlauf immer unruhiger, unaufmerksamer und impulsiver werden.
- Reagieren Sie am Ende aggressiv, lernt der Schüler, wie man sich zumindest in bestimmten Positionen durchsetzen kann: Sie bieten ihm ein aggressives Modell! Sie leben Ihren Schülern in solchen Situationen vor, dass gutes Zureden und auch Drohungen oft nichts nutzen und dass letztlich nur der „Mächtigere“ gewinnt! Dies wird vielleicht dazu führen, dass der Schüler das nächste Mal (aus Angst vor unangemessen hohen Strafen) Ihrer Aufforderung nachkommt, aber außerhalb der Schulstunden oder gegenüber jüngeren und körperlich schwächeren Mitschülern wird er seine Erfahrungen anwenden, dass der Stärkere siegt. Die Wahrscheinlichkeit zu aggressivem Verhalten steigt!

Achtung: kein aggressives Modell bieten

- Auch wenn Ihr Schüler zu irgendeinem Zeitpunkt aus dem Teufelskreis aussteigt und Ihren Anforderungen nachkommt, macht er häufig ungünstige Erfahrungen: Da Sie es „leid“ sind, zu diskutieren, wenden Sie sich Mitschülern oder dem Unterricht zu. Außerdem sind Sie durch diese Diskussionen in Zeitdruck geraten. Der Schüler erlebt so allerdings, dass sein angemessenes oder weniger problematisches Verhalten gar nicht weiter beachtet wird. Das heißt aus Schülersicht: Ob ich die Anweisungen befolge oder nicht, ändert nicht das Ergebnis: Ich bekomme keine positive Verstärkung / keine Anerkennung. Dies wird dazu führen, dass Ihr Schüler Ihren Anweisungen auch in der Zukunft kaum Folge leisten wird. Kurzum: Es lohnt sich für ihn nicht. Außerdem bewirkt dies, dass Sie mit Ihrem Schüler fast nur noch negativ – ermahnend, schimpfend, schreiend, drohend – kommunizieren.

Ausstieg aus dem Teufelskreis

Wenn es die Situation erlaubt, geben Sie nicht nach und bewegen Sie den Schüler, Ihren Aufforderungen nachzukommen. Anschließend verstärken Sie ihn positiv (hier reicht in der Regel ein ernstgemeintes Lob, z. B.: „Michael, ich finde es gut, dass du dich doch darauf eingelassen hast.“ „Das hast du gut gemacht!“ „Die Aufgabe hast du gut gelöst.“). Bitte keine ironisierenden Kommentare, keine Bloßstellungen („Warum nicht gleich so?!“, „War das jetzt so schwierig?!“). Denn dann lernen dieser Schüler und auch alle anderen in Ihrer Klasse: Sie sind die Autoritätsperson, Sie sind „fair“ und Mitarbeit lohnt sich.

Sich vorab auf solche Situationen vorbereiten

Erscheint Ihnen die augenblickliche Situation ausweglos, „verpulvern“ Sie nicht Ihre Munition. Steigen Sie aus der Diskussion früh aus und sagen Sie, dass Sie dies im Anschluss an den Unterricht besprechen werden. Überlegen Sie sich für solche Fälle frühzeitig Konsequenzen, um in Situationen, in denen Sie ärgerlich sind, besonnen reagieren zu können. Eventuell muss der Schüler zu dem verweigerten Thema ein Referat halten oder zu Hause eine Zusatzaufgabe bearbeiten, die die Eltern unterschreiben müssen.

Eltern

Die Schule sollte sich bemühen, eng mit den Eltern zusammenzuarbeiten. So muss das Kind z. B. darin unterstützt werden, seine Hausaufgaben und sonstigen Dinge für die Schule zu erledigen. Dies kann es aufgrund des Mangels an Selbstkontrolle und der Unorganisiertheit nicht in dem Maße leisten, wie es andere Kinder können. Hier empfiehlt sich, gemeinsam mit den Eltern ein gutes Kontrollsystem aufzustellen.

Es könnte z. B. ein Hausaufgabenheft geben, das jeden Tag sowohl von dem Lehrer als auch von den Eltern abgezeichnet wird. Dies stellt sicher, dass das Kind nicht vergessen hat, sich etwas zu notieren. Die Eltern können somit unterstützend kontrollieren, ob es alles Relevante erledigt hat.

Die Eltern müssen einen Raum zur Erledigung der Hausaufgaben und des Lernens schaffen. Dort sollten keine weiteren Reizquellen (Radio, Fernseher, Tisch in der Küche, an dem noch Geschwister sitzen) vorhanden sein. Wird das Kind unruhig, kann es helfen, fünf Minuten Pause zu machen. Auch sollten die Eltern ermuntert werden, das Kind in besonderem Maße für Erfolge zu loben und nicht misserfolgsorientiert zu sein. Die Eltern können zudem strukturierend wirken, wenn sie mit dem Kind gemeinsam die Schultasche packen.

Exkurs Medikation

Die Behandlung der ADHS soll nach den Leitlinien der deutschen Gesellschaft für Kinder- und Jugendpsychiatrie und -psychotherapie multimodal erfolgen. Dies beinhaltet oft neben Beratung und Training der Eltern, Therapie des Kindes oder Jugendlichen, Interventionen in der Schule bzw. dem Kindergarten auch eine medikamentöse Behandlung.

Dabei können Medikamente nicht die Ursache der Störung bekämpfen, sondern vielmehr Lernmöglichkeiten für Kinder verbessern, da Kernsymptome unter der Medikation deutlich weniger auftreten. Der in den meisten Präparaten (wie Ritalin®, Concerta®, Medikinet®, Equasym®) enthaltene Wirkstoff ist Methylphenidat. Methylphenidat ist ein Amphetamin-Derivat, weswegen es betäubungsmittelrechtlichen Vorschriften in Deutschland unterliegt (d. h., es darf nur von einem Arzt mit einem sogenannten Betäubungsmittelrezept verordnet werden). Es hat einen aktivierenden Effekt auf das Gehirn und gehört daher zu den Psychostimulanzien.

Man unterscheidet zwischen Medikamenten mit einer kurzen Wirkdauer (zwei bis vier Stunden: Ritalin®, Medikinet®, Equasym®) und langer Wirkdauer (bis zu zwölf Stunden: Concerta®, Ritalin retard®, Medikinet retard®, Equasym retard®) (vgl. hierzu auch DÖPFNER et al. 2007).

Nebenwirkungen der Medikation können Appetitminderung, Schlafstörungen, Übelkeit, Kopf- und Bauchschmerzen sein. Weitere häufig eingesetzte Medikamente sind Strattera® und Elvanse®, die jedoch kein Methylphenidat enthalten, sondern eine andere Wirkbasis haben.

Wichtig ist die richtige Dosierung des Medikaments. Hierbei können Sie durch Ihre Beobachtungen im Unterricht wichtige Beiträge leisten (Wirkt das Kind ruhiger oder vielleicht sogar apathisch und ruhig gestellt? Lässt die Wirkung ab einer bestimmten Unterrichtsstunde nach?).

Umgang im Unterricht

Lehrerverhalten

- Bitte tadeln Sie das Kind nicht für seine Symptome, da Sie ihm sonst das Gefühl vermitteln, mit ihm würde grundsätzlich etwas nicht stimmen.
- Verabreden Sie mit dem Kind Zeichen, mit denen Sie es im Unterricht deutlich, aber unauffällig zu einem anderen Verhalten auffordern.
- Halten Sie sich an einen formalen Handlungsplan; wenn sich das Kind nicht an Ihre Anweisungen hält:

siehe hierzu auch www.awmf.org

Handlungsplan

a. Das Kind hat zehn Sekunden Zeit, um Anweisungen zu befolgen.
b. Bei Nichtbefolgen kündigen Sie die Konsequenzen an und wiederholen die Anweisung.
c. Das Kind hat wieder zehn Sekunden Zeit, um jetzt der Anweisung nachzukommen.
d. Dann folgt die Konsequenz.

- Achten Sie darauf, dass Sie dem Kind den Handlungsplan ankündigen, und gewöhnen Sie sich an, Anweisungen nur zusammen mit einer Konsequenz zu wiederholen.
- Belohnen Sie das Kind, wenn es die verabredeten Ziele einhält.

Unterrichtsmanagement

- Der ideale Sitzplatz befindet sich möglichst vorne neben einem ruhigeren Kind bzw. in der Nähe positiver Vorbilder. Es kann hilfreich sein, im Klassenraum einen Tisch zu reservieren, an dem das Kind allein mit direktem Blick zur Tafel und zur Lehrkraft sitzen kann, damit es weniger abgelenkt wird. Aber das Kind nicht an einen Tisch in der Ecke ganz vorne an der Wand setzen, weil es sich sonst von der Klasse isoliert fühlt.
- In Situationen, in denen das Kind sehr unruhig ist und durch das Verhalten andere Kinder beim Lernen stört, geben Sie ihm die Möglichkeit, eine „Auszeit" zu nehmen. Sie können es z. B. zum Kreideholen schicken.
- Legen Sie allgemeingültige Regeln und sofortige Konsequenzen gegen Störverhalten während des Unterrichts fest.
- Kündigen Sie Änderungen gewohnter Abläufe rechtzeitig an.

Unterrichtsablauf

- Planen Sie Ihren Unterricht so, dass alle Kinder wissen, was als Nächstes passiert. Damit geben Sie Orientierung und Sicherheit.
- Stellen Sie, bevor Sie allen eine Anweisung geben, Blickkontakt mit dem Kind her.
- Stellen Sie sich in die Nähe des Schülers und geben Sie einfache und klare Anweisungen mit ruhiger Stimme.
- Die Unterrichtsgestaltung sollte keineswegs monoton sein, allerdings auch nicht durch zahlreiche Methodenwechsel mit entsprechendem Materialaufwand Unruhe erzeugen und das Kind überfordern.
- Geben Sie Hilfestellungen zur Selbstorganisation des Schülers, z. B. durch Erinnerungskärtchen.

Hilfen im Leistungsbereich

- Gliedern Sie den Unterricht in kleinere, überschaubare Einheiten.
- Zerlegen Sie komplexe Aufgabenstellungen in Teilaufgaben.
- Räumen Sie ausreichend Zeit für Aufgaben ein.
- Fordern Sie das Kind auf, Aufgaben nochmals zu kontrollieren. Kontrollieren Sie die Aufgaben ggf. gemeinsam mit dem Kind.
- Geben Sie dem Kind häufige, unmittelbare und eindeutige Rückmeldung während des Unterrichts.
- Binden Sie das Kind aktiv in den Unterricht mit ein, indem Sie Fragen stellen, die eine aktive Antwort hervorrufen.

Hilfen bei den Hausaufgaben

- Lassen Sie das Kind ein Hausaufgabenheft führen, kontrollieren Sie die Eintragungen; die Eltern sollen gegenzeichnen.
- Teilen Sie Hausaufgaben in kleine, überschaubare Einheiten mit unterschiedlichem Inhalt ein.
- Legen Sie gemeinsam mit den Eltern einen festen Hausaufgabenort und eine feste Hausaufgabenzeit fest.
- Kontrollieren Sie die Hausaufgaben und verstärken Sie die Bemühungen des Kindes durch Lob.

Konkrete Maßnahme: Verhaltensplan

Sie können versuchen, das Verhalten des Kindes zu strukturieren, indem Sie einen Verhaltensplan einführen. Achten Sie besonders auf Folgendes:

Den Plan nur einsetzen, wenn er täglich beachtet werden kann

- Das oder die Verhaltensziele müssen genau festgelegt sein. Ungünstige Zielformulierung: Tom benimmt sich im Unterricht normal. Besser: Während des Unterrichts bleibt Tom auf seinem Platz sitzen, es sei denn, er wird dazu aufgefordert, ihn zu verlassen.
- Nicht zu viele Ziele setzen, maximal drei. Bei Einhaltung eines Ziels wird als Belohnung ein Punkt vergeben.
- Wenn ein Punkt gegeben wurde, darf er auf keinen Fall bei Fehlverhalten wieder gestrichen werden, um zu starken Frustrationen vorzubeugen.
- Der Plan muss jeden Tag eingehalten werden (auch von der Lehrkraft!).
- Je nach Ausprägung des Störungsbildes empfiehlt es sich, eine zeitnahe Verstärkung zu vereinbaren (z. B. Rückmeldung nach jeder Stunde oder Eintrag der Punkte pro Tag).
- Zum Einlösen der Belohnung treffen Sie entweder Absprachen mit den Eltern (diese geben eine Belohnung wie vorlesen, eine Serie länger gu-

cken …) oder Sie vereinbaren mit dem Kind einen Anreiz (Lob, weniger Hausaufgaben …). Dies sollten Sie vom Alter und Lernstand des Kindes abhängig machen.

Ein Verhaltensplan könnte so aussehen:

Schulplan für Tom

1. Ich bleibe während des Unterrichts sitzen.
2. Ich rufe nicht in die Klasse, sondern warte, bis ich dran genommen werde.
3. Ich störe meine Mitschüler nicht.

- Ich bekomme für jede erfüllte Regel pro Tag einen Punkt.
- Die Punkte trage ich am Ende des Schultages zusammen mit meiner Lehrerin in eine Liste ein.
- Ich sammle die Punkte eine Woche lang.
- Wenn ich bis Freitag mindestens 11 Punkte erreicht habe, bekomme ich eine Belohnung.
- Wenn ich an einem einzigen Tag drei Punkte gesammelt habe, erhalte ich zusätzlich eine große Belohnung.

Lob und Anerkennung sind die besten Belohnungen

Beratungsangebote

- Schulpsychologische Beratungsstelle
- Sozialpädiatrisches Zentrum (SPZ)
- Kinder- und jugendpsychiatrische Ambulanzen
- Niedergelassene Kinder- und Jugendlichenpsychotherapeuten
- Niedergelassene Kinder- und Jugendlichenpsychiater

Zentrales ADHS-Netz
Klinikum der Universität zu Köln
Robert-Koch-Str. 10
50931 Köln
www.zentrales-adhs-netz.de

ADHS Deutschland
Bundesgeschäftsstelle
Postfach 410724
12117 Berlin
www.adhs-deutschland.de

Lehrerhandreichung und Broschüre zu ADHS:
www.mehr-vom-tag.de

Literaturtipp

Döpfner, Manfred / Frölich, Jan / Wolff Metternich, Tanja (2007): Ratgeber ADHS. Informationen für Betroffene, Eltern, Lehrer und Erzieher zu Aufmerksamkeitsdefizit- / Hyperaktivitätsstörungen. 2., aktualisierte Auflage. Hogrefe Verlag: Göttingen

Literaturnachweise

Döpfner, Manfred / Schürmann, Stephanie / Lehmkuhl, Gerd (2006): Wackelpeter und Trotzkopf. Hilfen bei hyperkinetischem und oppositionellem Verhalten. 3., überarbeitete Auflage. Psychologie Verlags Union: Weinheim

Lehmkuhl, Gerd / Konrad, Kerstin / Döpfner, Manfred (2008): Aufmerksamkeitsdefizit- / Hyperaktivitätsstörungen (ADHS). In Herpertz-Dahlmann, Beate / Resch, Franz / Schulte-Markwort, Michael / Warnke, Andreas (Hrsg.) (2008): Entwicklungspsychiatrie. Biopsychologische Grundlagen und die Entwicklung psychischer Störungen. 2. Auflage. Schattauer: Stuttgart, 674-693

7 Autismus

Beispielsituation

Dienstag, dritte Stunde, Biologie: Robert stört mal wieder den Unterricht. Er zappelt auf seinem Stuhl und passt nicht auf. Als Sie ihn später für eine richtige Antwort loben, scheint ihn dies nicht zu berühren.

Generell wissen Sie oft nicht, wie es Robert geht, da man dies weder an seinem Gesicht, noch an seiner Stimme erkennen kann. Lächeln erwidert er nicht, seine Mimik wirkt starr und maskenhaft, Gestik verwendet er nicht. Es scheint, als ob Robert anderen aus dem Weg geht und Angst vor seinen Mitmenschen hat. In der Pause ist Robert allein, Freunde hat er nicht. Ein wechselseitiges Gespräch mit ihm ist kaum möglich. Er scheint anderen kaum zuzuhören.

Auf Ansprache reagiert er nur, wenn seine Interessen (Fossilien) thematisiert werden. Dann verfällt er in Monologe, lässt Sie nicht mehr zu Wort kommen, verfolgt Sie damit bis ins Lehrerzimmer. Als Sie einmal die Sitzordnung ändern möchten, wird Robert sehr wütend, leistet starken Widerstand.

Generell scheinen ihn Veränderungen aufzuwühlen, so wirkt er durcheinander und angespannt, wenn er einmal zu spät kommt. Die Eltern berichten, dass Robert immer den gleichen roten Wollpullover tragen möchte – auch im Sommer. Er hat Schwierigkeiten, sich in andere hineinzuversetzen und entsprechend zu reagieren. Wenn Mitschüler z. B. traurig sind, scheint Robert davon völlig unberührt. Er wird oft von seinen Mitschülern geärgert, versteht jedoch nicht, warum sie dies tun.

Definition, Symptome, Häufigkeit

Kinder und Jugendliche mit autistischen Störungen sind in ihrer zwischenmenschlichen Kommunikation und in ihrer sozialen Interaktion beeinträchtigt. Sie bestehen oftmals auf festen Routinen und haben ungewöhnliche Interessen. Autisten entwickeln ein anderes, eigenes Bild von der Welt als die meisten anderen Menschen. Sie können sich von dem, was in ihnen vorgeht oder wie andere Menschen fühlen und denken oder was zwischen anderen Menschen vorgeht, kein schlüssiges Bild machen.

Tiefgreifende Entwicklungsstörung ohne Rückbildungstendenz

Autistische Störungen gehören zu den tiefgreifenden Entwicklungsstörungen. Diese zeichnen sich durch schwere Beeinträchtigungen in mehreren Entwicklungsbereichen aus, die in allen Situationen auftreten. Tiefgreifende Entwicklungsstörungen zeigen sich immer im frühen Kindesalter, sind vorwiegend genetisch verursacht und haben einen chronischen Verlauf ohne Rückbildungstendenz.

Von einer autistischen Störung spricht man, wenn folgende Leitsymptome vorliegen (vgl. DILLING / FREYBERGER 2008):

- Eine auffällige / beeinträchtigte Entwicklung mit Beginn in den ersten drei Lebensjahren
- Qualitative Auffälligkeiten in der gegenseitigen sozialen Interaktion. Mindestens zwei der folgenden Symptome müssen vorhanden sein:
  a) *Ausgeprägte Beeinträchtigungen im Gebrauch zahlreicher nonverbaler Verhaltensweisen* wie Blickkontakt (z. B. kein Blickkontakt oder Starren), Gesichtsausdruck (z. B. starre Mimik), Körperhaltung und Gestik zur Steuerung sozialer Interaktion
  b) *Unfähigkeit, entwicklungsgemäße Beziehungen zu Gleichaltrigen aufzubauen.* Autistische Kinder zeigen kaum Interesse an anderen Kindern und reagieren nur selten auf deren Annäherungsversuche. Meist können betroffene Kinder besser mit den geduldigeren Erwachsenen umgehen, da deren Reaktionen in der Regel vorhersehbarer sind. Auch mit jüngeren Kindern kommen Autisten oftmals besser zurecht, da hier die Rollenaufteilung klarer ist als mit Gleichaltrigen.
  c) *Mangel, spontan Interesse, Erfolg oder Freude mit anderen zu teilen.* Autistische Kinder beziehen andere nur wenig in die eigene Freude mit ein oder zeigen anderen nur selten Dinge, die sie selbst interessieren, wie z. B. einen selbst gebauten Turm.
  d) *Mangel an sozio-emotionaler Gegenseitigkeit (geringes Einfühlungsvermögen und grundlegende Schwierigkeiten, elementare Regeln sozialer Beziehungen zu begreifen).* Autistische Kinder trösten z. B. andere nur selten. Eltern betroffener Kinder können oft nur schwer erkennen, ob ihr Kind sie liebt, da es dies kaum zum Ausdruck bringt.
- **Qualitative Auffälligkeiten der Kommunikation / Sprache.** Dies äußert sich in mindestens einer der folgenden Einschränkungen:
  a) *Verzögertes Eintreten oder völliges Ausbleiben der Entwicklung von gesprochener Sprache.* Dies wird auch nicht von selbst durch die Entwicklung alternativer Kommunikationsformen kompensiert (wie z. B. bei gehörlosen Kindern durch die Gebärdensprache).
  b) *Auch bei ausreichendem Sprachvermögen deutliche Probleme, ein Gespräch zu beginnen oder zu führen.* Betroffene können meist keinen wechselseitigen Dialog eingehen, sondern verfallen ohne Beachtung des Gesprächspartners in einen Monolog über eigene Interessen oder treten erst gar nicht in sprachlichen Austausch.
  c) *Stereotyper oder repetetiver Gebrauch der Sprache oder ideosynkratische Sprache.* Die Sprachverwendung bei Autisten wirkt oft eigentüm-

lich und begrenzt. So neigen betroffene Kinder zu Echolalie (z. B. Wiederholung von Sätzen oder Worten anderer, Führen von Selbstgesprächen mit Floskeln aus dem Radio), verwenden Sprache manchmal ungewöhnlich manieriert, sprechen auffällig leise oder laut, sprechen monoton und wirken daher wie Roboter, entwickeln Wort- oder Fragerituale, schaffen eigene Worte oder verwechseln persönliche Fürwörter (sprechen z. B. von sich selbst in der dritten Person). Autisten verstehen in der Regel alles Gesagte wortwörtlich, d. h. Sprichwörter, Ironie oder Witze können meist nicht adäquat gedeutet werden.

d) *Fehlen von verschiedenen entwicklungsgemäßen Rollenspielen oder sozialen Interaktionsspielen.* Autistische Kinder zeigen kaum fantasievolles Spielen mit Puppen oder Stofftieren und sind auch an Gruppenspielen nur wenig interessiert.

- **Begrenzte, repetetive und stereotype Verhaltensmuster.** Mindestens eine der nachfolgenden Auffälligkeiten tritt auf:

  a) *Umfassende Beschäftigung mit einem oder mehreren stereotypen und begrenzten Interessen, wobei Inhalt und Intensität abnorm sind.* Autistische Kinder entwickeln z. B. manchmal eine starke Bindung an Objekte wie Schraubenschlüssel, interessieren sich dabei überhaupt nicht für gewöhnliche Spielsachen. Auch haben Autisten oft ein exzessives Interesse für gewöhnliche, aber auch ungewöhnliche Dinge wie Fossilien, Computer, Fahrpläne, Sterne, Müll etc.

  b) *Auffälliges und starres Festhalten an bestimmten, nicht funktionalen Gewohnheiten und Ritualen.* Es wird z. B. darauf bestanden, dass Dinge in einer bestimmten Weise getan, gesagt oder angeordnet werden. Autisten haben ein hohes Bedürfnis nach Gleichförmigkeit des Alltags und der Umwelt und sie zeigen starken Widerstand gegenüber Veränderungen.

  c) *Stereotype und repetitive motorische Manierismen.* Dies meint bizarre Bewegungen mit dem Körper, z. B. Biegen oder schnelle Bewegung von Händen und Fingern, Hüpfen, Tänzeln etc.

  d) *Ständige Beschäftigung mit Teilen von Objekten.* Spielsachen werden nur eingeschränkt verwendet (z. B. unablässiges Drehen an den Rädern eines Autos) oder es besteht ein auffälliges sensorisches Interesse (Dinge oder Menschen werden wiederholt befühlt oder beschnuppert).

Autistische Störungen sind sehr vielfältig. Zur Diagnose einer autistischen Störung gehören Symptome aus den genannten Bereichen, diese können sich jedoch, wie oben dargelegt, auf unterschiedliche Art äußern. Auch gibt es große Unterschiede im Schweregrad der Erkrankung. Man spricht daher heutzutage von **Autismus-Spektrum-Störungen.** Dabei werden verschiedene Unterformen der Erkrankung unterschieden:

- Die bekannteste und am besten wissenschaftlich untersuchte Diagnose unter den Autismus-Spektrum-Störungen ist der **frühkindliche Autismus** (manchmal auch Kanner-Syndrom genannt, da Leo Kanner dieses Störungsbild 1943 erstmals beschrieb). Dieser geht mit einer deutlichen Sprachentwicklungsstörung einher (ein Viertel der Betroffenen bleibt ein Leben lang stumm) sowie häufig mit einer Intelligenzstörung (25 bis 50 Prozent sind geistig behindert).
- Beim **Asperger-Syndrom** (nach Hans Asperger benannt, der diese Autismus-Form 1944 beschrieb) ist die Sprachentwicklung hingegen unauffällig und es liegt keine Intelligenzminderung vor. Insgesamt sind die kommunikativen und sozialen Defizite schwächer ausgeprägt als beim frühkindlichen Autismus. Entsprechend wird das Asperger-Syndrom in der Regel erst deutlich später erkannt (oft mit Schulbeginn oder später, der frühkindliche Autismus wird in der Regel bereits zwischen dem zweiten und sechsten Lebensjahr diagnostiziert). Nicht selten haben Menschen mit Asperger-Autismus motorische Probleme (z. B. eine auffällige Ungeschicklichkeit oder einen schleppenden Gang).
- Der sogenannte **High-functioning Autismus** beschreibt eine Variante des frühkindlichen Autismus, bei der ein höheres geistiges Funktionsniveau vorhanden ist (die Abgrenzung vom Asperger-Syndrom ist oftmals schwierig) (vgl. Remschmidt 2008).
- Mit **atypischem Autismus** ist eine Symptomatik gemeint, die dem frühkindlichen Autismus ähnelt, allerdings erst nach dem dritten Lebensjahr aufgetreten ist oder für die Diagnose erforderliche zentrale Symptome nicht aufweist.

Unterschiedliches Leistungsvermögen in verschiedenen Bereichen

Spätestens seit dem Film *Rain Man* mit *Dustin Hoffman* hält sich der Glaube, dass alle Autisten sogenannte **Savants** sind, d. h. ungewöhnliche Fähigkeiten (sogenannte „Inselbegabungen" wie z. B. herausragende Gedächtnisleistungen) haben. Dies ist tatsächlich vergleichsweise selten der Fall. Jedoch verfügen Menschen mit Asperger-Syndrom häufig über ein sehr individuelles Intelligenzprofil (sie haben in verschiedenen Bereichen ein deutlich unterschiedliches Leistungsvermögen), wodurch einzelne Begabungen „angesichts der parallel vorhandenen psychiatrischen Symptomatik herausragend"

(Poustka et al. 2009, 22) wirken. Umgekehrt leiden etwa 80 Prozent aller Savants unter einer autistischen Störung.

Häufig gehen mit einer autistischen Störung Symptome eines **hyperkinetischen Syndroms** einher, d. h., Betroffene zeigen Aufmerksamkeitsprobleme, sind impulsiv und motorisch sehr unruhig (siehe ADHS-Kapitel). Auch Tic-Störungen (unwillkürliche Lautäußerungen und motorische Zuckungen) sind nicht selten, ebenso wie Autoaggressionen oder Wahrnehmungsstörungen. Zusätzlich leiden 15 bis 30 Prozent aller Menschen mit frühkindlichem Autismus an Epilepsie.

Man geht davon aus, dass etwa ein Prozent der Gesamtbevölkerung an einer Autismus-Spektrum-Störung leidet. Von Autismus sind Jungen häufiger betroffen als Mädchen (3-4:1, beim Asperger-Syndrom sogar 7:1).

Der Verlauf ist chronisch, eine ursächliche Heilung der Erkrankung ist also nicht möglich. Die Prognose für den Verlauf ist entscheidend vom Spracherwerb und den intellektuellen Fähigkeiten abhängig, entsprechend ist der günstigste Verlauf bei Menschen mit Asperger-Syndrom zu erwarten. Etwa 10 bis 15 Prozent der Patienten mit frühkindlichem Autismus erreichen im Lebensverlauf eine unabhängige Lebensführung, alle anderen benötigen langfristige Betreuung, Pflege oder Aufsicht.

Auch bereits im Kindes- und Jugendalter können nicht alle Betroffenen in ihrer Familie leben und sind in Sozialeinrichtungen untergebracht, da diese Erkrankung je nach Schweregrad ein hohes Ausmaß an Betreuung fordert.

Das Vollbild der Erkrankung zeigt sich meist im Vorschulalter, in der Jugend lassen bei vielen Betroffenen die Beeinträchtigungen nach. Im Erwachsenenalter ist der Verlauf sehr unterschiedlich. Menschen mit High-functioning-Autismus und Asperger-Syndrom wird mit zunehmendem Alter vermehrt ihre Andersartigkeit bewusst, was auch zu Depressionen führen kann. Insbesondere das Scheitern beim Aufbau von Sozialkontakten trägt häufig dazu bei.

Ausgrenzung durch Mitschüler entgegenwirken

Obwohl es auf den ersten Blick nicht so wirkt, leiden autistische Menschen sehr wohl unter ihrer anhaltenden sozialen Isolation. Aufgrund ihrer Einschränkungen in der sozialen Kontaktgestaltung haben autistische Kinder und Jugendliche ein höheres Risiko, von Mitschülern ausgegrenzt oder geärgert zu werden. Darauf sollten Sie in der Schule achten.

Ursachen

Autismus ist eine primär biologisch bedingte Störung, dafür sprechen zahlreiche Forschungsbefunde. Frühere Theorien, die eine Verursachung der

Erkrankung durch elterliches Verhalten postulieren (z. B. durch emotional kalte „Kühlschrankmütter" oder durch nur abstrakt und rational denkende Väter), gelten als widerlegt. Eltern trifft keine Schuld an der Entstehung einer autistischen Störung. Allerdings können Eltern durch Förderung Einfluss auf den Krankheitsverlauf nehmen.

Störung des zentralen Nervensystems

Man geht heutzutage davon aus, dass genetische und organische Prozesse (z. B. Immunologie, Infektionen) zu einer strukturellen und funktionellen Störung des zentralen Nervensystems bei Autisten geführt haben (vgl. Poustka et al., 2009). Eine genaue Darstellung der aktuellen, z. B. auch widersprüchlichen Forschungslage würde an dieser Stelle zu weit führen. Allerdings wollen wir Sie im Folgenden kurz mit den wichtigsten Begriffen vertraut machen, die einerseits die oben dargelegte Symptomatik bei autistischen Störungen erklären, aus denen sich andererseits auch wichtige Regeln im Umgang mit autistischen Kindern und Jugendlichen (siehe Umgang im Unterricht) ableiten lassen.

Bei gesunden Menschen werden unterschiedliche Gehirnregionen aktiviert, je nachdem ob sie Objekte oder Gesichter betrachten. Der für Gesichter zuständige *Gyrus facialis* ist bei Autisten beim Betrachten von Gesichtern unteraktiviert, ebenso zeigen Autisten Defizite in der differenziellen Wahrnehmung von Geräuschen und menschlichen Stimmen. Dies bedeutet, dass die „Erfassung von bestimmten sozial relevanten Stimuli in verschiedenen sensorischen Bereichen gestört ist" (Poustka 2009, 337). Autisten haben große Defizite z. B. in der Wahrnehmung unterschiedlicher Emotionen bei ihrem Gegenüber. Sie können schlecht deuten, ob jemand wütend oder fröhlich ist, wenn dieser dies nur durch Tonfall, Mimik etc. zum Ausdruck bringt und nicht explizit sagt. Was für uns intuitiv geschieht, müssen Autisten erst mühsam dekodieren.

Dazu trägt auch das weitgehende Fehlen von Spiegelneuronen bei Autisten bei. Spiegelneuronen sind Nervenzellen, die im Gehirn beim Betrachten eines Vorgangs das gleiche Aktivitätsmuster aufweist, wie es entstünde, wenn dieser Vorgang nicht bloß (passiv) betrachtet, sondern selbst (aktiv) durchgeführt würde. Dies bedeutet, wenn wir jemand weinen sehen, werden bei uns im Gehirn ähnliche Areale aktiviert, als würden wir selbst weinen. Bei Autisten fehlt dies, d. h., das intuitive Verstehen von Gefühlen und Absichten ist nicht vorhanden und muss logisch erschlossen werden.

Die genannten **neurologischen Fehlfunktionen** werden vor allem in Zusammenhang mit drei **fehlgeleiteten psychologischen Abläufen** gebracht, die wiederum die autistische Symptomatik nach sich ziehen: eine gestörte

Theory of mind, eine schwache *zentrale Kohärenz* und beeinträchtigte *exekutive Funktionen*.

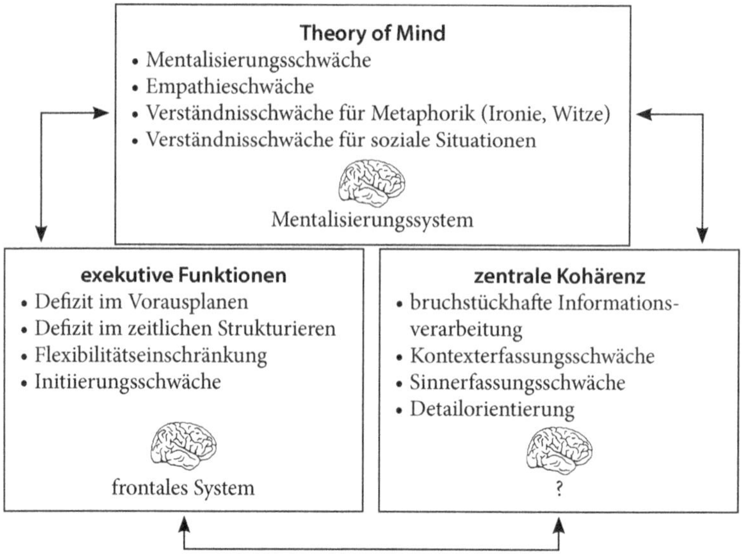

Theoretische Konzepte und Hirnfunktionen bei autistischer Störung (Herpertz-Dahlmann, B. / Resch, F. / Schulte-Markwort, M. / Warnke, A.: Entwicklungspsychiatrie. 2. Aufl. Stuttgart: Schattauer 2008; 612)

Gesunde Kinder entwickeln bereits vor dem dritten Lebensjahr eine innere Vorstellungsfähigkeit für Wahrnehmen und Handeln bei sich und anderen. Diese befähigt sie dazu, eigene Gefühle, Gedanken und Absichten oder die anderer Personen zu verstehen, zu kommunizieren oder vorherzusagen. Diese Vorstellungsfähigkeit, auch **Theory of mind** genannt, ist bei autistischen Kindern gestört. Entsprechend schwer fällt es den Betroffenen, soziale und emotionale Situationen zu verstehen, metaphorische Bedeutungen (z. B. Ironie oder Witze) nachzuvollziehen, Intentionen anderer Personen zu erkennen. Autistische Menschen sind oft gutgläubig, sie können nur schwer unterscheiden, ob Ereignisse zufällig eingetreten sind oder absichtlich herbeigeführt wurden.

Mit **zentraler Kohärenz** ist die Fähigkeit gemeint, Einzelheiten als zusammengehörig zu erfassen und Kategorien zu bilden, um damit das Wesentliche vom Unwesentlichen zu unterscheiden. Unsere Informationsverarbeitung ist darauf ausgerichtet, Reize im Zusammenhang mit anderen

Reizen zu deuten. Autisten verarbeiten Reize vorzugsweise kontextfrei und isoliert. Entsprechend fällt es ihnen schwer, Dinge relativ einzuschätzen (Hang zur Schwarz-weiß-Malerei) oder das sinnhafte Ganze zu erfassen. Stärken haben Autisten dadurch hingegen beim wortwörtlichen Behalten von Dingen, beim systematischen Erwerb von Fakten, beim Korrekturlesen und beim schnellen Finden von Objekten oder Fehlern.

Mit **exekutiven Funktionen** ist die Fähigkeit gemeint, zielgerichtete Problemlösestrategien unter Berücksichtigung der Umweltbedingungen zu entwickeln. Dazu gehört das schrittweise und vorausschauende logische Planen von Handlungen, die Umsetzung dessen und die Berücksichtigung von veränderten Umweltbedingungen im Verlauf. Autisten können oftmals keine Handlungspläne entwickeln und ihr Handeln nur schwer systematisch steuern, auch wenn sie die intellektuellen Fähigkeiten dazu hätten. Dies hat manchmal zur Folge, dass komplexe Matheaufgaben gelöst werden können, Tee kochen jedoch nicht gelingt, weil dazu kein Handlungsplan entwickelt werden kann. Besonders schwer fällt es Autisten, von einem Lösungsweg auf einen anderen umzuschwenken, sie beharren vielmehr auf einer einmal eingeschlagenen Strategie.

Eltern

Die Schule sollte sich bemühen, eng mit den Eltern und dem zuständigen Therapeuten zusammenzuarbeiten. Machen Sie sich bewusst, dass es sich bei Autismus um eine schwerwiegende Erkrankung handelt, an der die Eltern und ihre Erziehungsmethoden keine Schuld tragen. Ein Kind mit einer autistischen Erkrankung ist oftmals eine hohe Belastung für die ganze Familie, sowohl für Eltern als auch für Geschwisterkinder. Versuchen Sie daher, Verständnis aufzubringen.

Darüber hinaus ist es wichtig, realistische Ziele anzustreben. Autismus ist eine chronische Erkrankung, eine Heilung ist nicht möglich. Ziele sollten daher kleinschrittig und am Leistungsvermögen des Kindes ausgerichtet sein. Die Schule ist oft ein wichtiges Übungsfeld für autistische Kinder, gerade im Aufbau und Erlernen sozialer Konventionen und entsprechendem zwischenmenschlichem Verhalten. Versuchen Sie daher, diese Möglichkeiten gemeinsam mit den Eltern für das Kind zu nutzen. Dies wird einen wichtigen Einfluss auf den weiteren Krankheitsverlauf haben.

Ziele bei der Behandlung autistischer Patienten

Typische Ziele bei der Behandlung autistischer Patienten sind
- der Abbau von Theory-of-mind-Defiziten (zur Verbesserung der Selbstkontrolle und Kontaktfähigkeit),

- der Aufbau sozialer Kompetenzen,
- der sprachliche Aufbau und die Förderung des Sprachverständnisses,
- die Förderung der Selbstständigkeit im lebenspraktischen Alltagsbereich (z. B. Verbesserung der Handlungsplanung bei Alltagstätigkeiten wie Hygiene) sowie
- die Reduktion störenden Verhaltens (z. B. von Autoaggressionen).

Umgang im Unterricht

Lehrerverhalten

- Autisten sind oftmals überfordert mit den eigenen inneren Vorgängen. Im Kontakt mit dem betroffenen Schüler sollten Sie, um eine Beziehung zu ihm aufzubauen, weniger auf die Person fokussieren durch Fragen wie „Wie geht es dir?", als Sonderinteressen Raum geben und eher fragen „Was interessiert dich?".

Auf sprachlich und inhaltlich abgestimmte Formulierungen achten

- Schüler mit Autismus verstehen sprachliche Inhalte zumeist „wortwörtlich". Verbale Anweisungen werden oft weniger gut behalten als visuelle.
- Achten Sie deshalb auf deutliche Formulierungen also statt „Fang bitte an." „Robert, fang bitte an, die Aufgabe zu bearbeiten."
- Vermeiden Sie Doppeldeutigkeiten oder Ironie wie „Wäre es möglich, dass auch Robert anfängt?"
- Erklären Sie Metaphern oder Redewendungen wie „Uns läuft die Zeit davon.", wenn Sie sie verwenden.
- Autisten verarbeiten Emotionen kognitiv. Je nach Ausprägung der autistischen Störung zeigen soziale Verstärker wie ein Lob unterschiedliche Wirkung. Sie können von Ihnen dennoch eingesetzt werden, weil sie auch Einfluss auf die soziale Position eines Kindes in der Klasse haben. Ergänzen Sie Ihr Lob durch Verstärker, die die Sonderinteressen der Kinder bedienen wie Eisenbahnkarten oder auch den Einsatz von Verstärkerplänen (siehe ADHS).
- Um den betroffenen Schüler mit in die Klassengemeinschaft einzubeziehen und ihn an sozialen Interaktionen in der Klasse teilhaben zu lassen, sollten Sie im Unterricht immer wieder thematisieren, warum Schüler und Schülerinnen z. B. auf eine unfreiwillig komische Aktion von Ihnen mit Gelächter reagieren oder warum alle sich auf den anstehenden Klassenausflug in ein Freizeitbad freuen.
- Verbalisieren Sie im Unterricht innere Abläufe, um die Unterschiedlichkeit von Menschen zu thematisieren: „Tim mag Fußball und Jan mag Computerspiele, deshalb will Tim nicht gern mit Jan über Computerspiele sprechen." Lassen Sie z. B. in Texten erklären, was einzelne Cha-

raktere denken und warum sie in bestimmter Weise handeln. So regen Sie an, dass der betroffene Schüler lernt, Dinge aus der Perspektive von anderen zu sehen und soziale Regeln zu verstehen.
- Autisten fällt es schwer, Unterrichtsinhalte in den Kontext zu setzen und Einzelheiten als zusammengehörig aufzufassen. Wenn Sie ein Thema über mehrere Stunden behandeln, können betroffene Jugendliche keinen Zusammenhang zwischen den einzelnen Stunden erkennen, daher ist es wichtig, dies explizit zu nennen bzw. erarbeiten zu lassen.

Unterrichtsmanagement

Autisten haben ein hohes Bedürfnis nach Gleichförmigkeit und Vorhersehbarkeit, deshalb sind eine gleichbleibende, klare Struktur des Unterrichts und das Vermeiden von spontanen Aktionen und Veränderungen für sie besonders wichtig.
- Sorgen Sie für eine übersichtliche Strukturierung des Klassenraums z. B. durch Themenecken oder bestimmte Bereiche für Einzelarbeit und Gruppenarbeit.
- Erstellen Sie Listen mit dem Material, das für die Stunde benötigt wird.
- Legen Sie feste Plätze für bestimmte Arbeitsmaterialien fest.
- Beschriften und markieren Sie Materialien und Funktionsbereiche im Klassenraum.
- Visualisieren Sie Unterrichtsinhalte und Arbeitsformen z. B. durch Tafelbild, OHP-Folie oder Piktogramme (siehe Kopiervorlage 5).
- Achten Sie bei der Sitzplatzvergabe auf die soziale Integration des betroffenen Schülers in der Klasse und setzen Sie ihn auf einen festen Sitzplatz neben einem sozial kompetenten Schüler. Der betroffene Schüler sollte eher am Rand positioniert werden, am besten mit einer Wand im Rücken. So sorgen Sie dafür, dass er mehr Ruhe hat und nicht mitten im Trubel sitzt. Auch sollten Sie ein Rotationsprinzip vermeiden, um nicht unnötigen Stress beim Betroffenen hervorzurufen.
- Integrieren Sie feste Rituale in den Unterricht, in dem Sie z. B. zu Beginn einer jeden Stunde eine Übersicht über den Stundenverlauf geben.
- Unterstützen Sie durch Pläne wie Sitzplan oder Plan zur Strukturierung von Arbeitsabläufen die oft eingeschränkte Fähigkeit des betroffenen Schülers zur Handlungsplanung.
- Versuchen Sie, einen häufigen Lehrerwechsel, Stundenausfall oder auch Raumwechsel zu vermeiden.
  Da dies im Schulalltag nicht immer zu vermeiden ist, sollten Sie den betroffenen Schüler vorher informieren. Und zwar nicht nur über Dinge,

die allein die Klasse betreffen, sondern auch die ganze Schule wie z. B. ein Abistreich.

Unterrichtsablauf

- Die Beteiligung von Schülern mit Autismus kann im Unterricht ganz unterschiedlich sein. Wenn sich ein Schüler gar nicht beteiligen sollte, dann sprechen Sie ihn gesondert an und verabreden Sie mit ihm spezielle Regelungen für seine Unterrichtsbeiträge, indem Sie z. B. gemeinsam die Häufigkeit festlegen oder aber auch Alternativen zu mündlichen Beiträgen schaffen.
- Bereiten Sie mit Hilfe einer Rednerliste den betroffenen Schüler darauf vor, dass er gleich drankommt.
- Wenn ein betroffener Schüler bei einem Thema, das ihn besonders interessiert, nicht zu stoppen ist, räumen Sie dem Schüler die Möglichkeit ein, sich zu beteiligen, z. B. durch einen zeitlich begrenzten Vortrag über das Thema.
- Wenn betroffene Schüler häufig in wiederkehrende Monologe über ihr Spezialthema verfallen, das meist bei ihren Mitschülern im gleichen Alter weniger populär ist, sollten Sie ihn freundlich und bestimmt, aber nicht abwertend stoppen, um zu vermeiden, dass ein solches Verhalten ihn weiter ins Abseits drängt. Gleichaltrige empfinden gerade dieses Verhalten eines betroffenen Kindes als egoistisch.
- Geben Sie im Unterricht konkrete Informationen zu Vorgehensweisen: „Jetzt machen wir eine Aufgabe, bei der jeder still in Einzelarbeit arbeitet."
- Strukturieren Sie Arbeitsphasen, indem Sie Aufgabenstellung, benötigtes Material und Arbeitszeit dem betroffenen Schüler direkt, am besten auf einem Arbeitsblatt, schriftlich mitteilen.
- Machen Sie Angaben zum Umfang der erwarteten Lösung, nummerieren Sie die Aufgaben und geben Sie dem betroffenen Schüler durch entsprechende Symbole die Möglichkeiten, Aufgaben abzuhaken.
- Schüler mit Autismus bevorzugen die Einzelarbeit. Aufgrund von Problemen im Bereich der kommunikativen und sozialen Kompetenzen fällt ihnen das gemeinsame, kooperierende Arbeiten mit anderen oftmals schwer. Sie sollten sie daher mit verständnisvollen Schülerinnen und Schülern zusammenarbeiten lassen, die mit den Reaktionen des Schülers umgehen können.
- Bei Gruppenarbeiten sollten Sie auf eine klare Aufgabenverteilung achten und diese ggf. selbst festlegen.

- Falls es dem Schüler dennoch schwer fällt, in der Gruppe zu arbeiten, lassen Sie ihn auch in Einzelarbeit Gruppenaufgaben erledigen. Dabei müssen Sie allerdings darauf achten, in Ihren Unterricht Phasen zu integrieren, die es dem Schüler ermöglichen, seine in Einzelarbeit erarbeiteten Ergebnisse in den Unterricht einfließen zu lassen, um ihn nicht zum „isolierten Lerner" zu machen.
- Auch wenn autistische Kinder und Jugendliche es der Umwelt anders signalisieren, brauchen sie soziale Kontakte, Freunde und die Sicherheit, die eine Gemeinschaft bietet. Daher ist es wichtig, dass ein betroffener Schüler, soweit es eben möglich ist, in die Klassengemeinschaft integriert wird. Das bedarf der Anstrengung aller Beteiligten.

In die Klassengemeinschaft integrieren

Pausen

Pausen werden von Schülern mit Autismus-Spektrum-Störungen als unstrukturierte und unvorhersehbare Situationen wahrgenommen. Daher sollten Sie gemeinsam mit dem Schüler oder der Schülerin Handlungspläne für die Pausen besprechen. Beispiel: „In der Pause machen alle ganz unterschiedliche Dinge. Die einen spielen Fußball, weil es ihnen Spaß macht. Die anderen unterhalten sich lieber in kleinen Gruppen. Was möchtest du in der Pause machen?"

Um dem Schüler mehr Sicherheit zu geben, sollten Sie
- mit ihm einen ruhigen Bereich auf dem Schulhof oder im Schulgebäude wie z. B. die Bibliothek festlegen, wohin er oder sie sich zurückziehen kann.
- die Pausenaufsicht darüber informieren.
- verständnisvolle Klassenkameraden bitten, auf den Mitschüler zu achten und ggf. bei Konflikten zu vermitteln.

Gleiches gilt auch für Situationen in Umkleidekabinen, die autistische Jugendliche ebenfalls als sehr bedrohlich erleben. Hier sollten Sie darauf achten, dass der betroffene Schüler sich zeitversetzt zu den anderen umziehen kann, oder aber klare Regeln aufstellen, die den betroffenen Schüler schützen (Abstand halten, in Ruhe lassen) und ihm ein sozial starkes Kind zur Seite stellen, das auf die Einhaltung der Regeln achtet.

Beratungsangebote

Autismus ist eine vergleichsweise seltene Erkrankung, daher kennen sich nicht alle Psychologen oder Ärzte mit diesem Störungsbild aus. Es gibt jedoch gerade für Autismus Spezialambulanzen oder Autismustherapiezentren und niedergelassene Kinder- und Jugendlichenpsychotherapeuten bzw. -psychiater, die sich auf dieses Störungsbild spezialisiert haben.

Auch in Sozialpädiatrischen Zentren (SPZ) kennt man sich mit Autismus aus. Allerdings ist in der Sekundarstufe davon auszugehen, dass eine entsprechende Diagnose bereits gestellt wurde und die Familie schon entsprechend professionell unterstützt wird. Aufgrund der Diagnose einer tiefgreifenden Entwicklungsstörung können betroffene Familien Hilfen des Staates zur Betreuung, Förderung und Versorgung des Kindes in Anspruch nehmen.

Das Sozialamt und das Jugendamt, aber auch Erziehungsberatungsstellen können über entsprechende Unterstützungsmöglichkeiten (u.a. auch über die Bereitstellung von Integrationshelfern oder Schulbegleitern) informieren.

„Autismus Deutschland" ist eine Selbsthilfeorganisation von Eltern betroffener Kinder, die gut vernetzt ist und viele nützliche Informationen bereitstellt (Kontakt s.u.).

In Nordrhein-Westfalen gibt es in jeder Stadt einen Autismus-Beauftragten. Diese sind über den schulpsychologischen Dienst zu kontaktieren.

WWW

Nützliche Informationen im Internet, siehe Adressen rechts

Autismus Deutschland e.V.
Rothenbaumchaussee 15
20148 Hamburg
www.autismus.de

Wissenschaftliche Gesellschaft Autismus-Spektrum
www.wgas-autismus.org

Deutsche Gesellschaft für Kinder- und Jugendpsychiatrie und Psychotherapie e.V.
Reinhardtstr. 27b
10117 Berlin
www.dgkjp.de

Literaturtipp

POUSTKA, FRITZ / BÖLTE, SVEN / FEINEIS-MATTHEWS, SABINE / SCHMÖTZER, GABRIELE (2009): Ratgeber Autistische Störungen. Informationen für Betroffene, Eltern, Lehrer und Erzieher. 2., überarbeitete Auflage. Hogrefe Verlag: Göttingen

Literaturnachweise

DILLING, HORST / FREYBERGER. HARALD J. (2008): Taschenführer zur ICD-10-Klassifikation psychischer Störungen. 4., überarbeitete Auflage. Hans Huber: Bern

POUSTKA, FRITZ / BÖLTE, SVEN / FEINEIS-MATTHEWS, SABINE / SCHMÖTZER, GABRIELE (2009): Ratgeber Autistische Störungen. Informationen für Betroffene, Eltern, Lehrer und Erzieher. 2., überarbeitete Auflage. Hogrefe Verlag: Göttingen

REMSCHMIDT, HELMUT (2008): Autismus. In: HERPERTZ-DAHLMANN, BEATE / RESCH, FRANZ / SCHULTE-MARKWORT, MICHAEL / WARNKE, ANDREAS (Hrsg.) (2008): Entwicklungspsychiatrie. Biopsychologische Grundlagen und die Entwicklung psychischer Störungen. 2. Auflage. Schattauer: Stuttgart

WEBER, GERMAIN / ROJAHN, JOHANNES (2009): Intellektuelle Beeinträchtigung. In: SCHNEIDER, S. / MARGRAF, J. (Hrsg.) (2009): Lehrbuch der Verhaltenstherapie. Band 3: Störungen im Kindes- und Jugendalter. Springer: Heidelberg, 351-366

8 Störungen des Sozialverhaltens

Beispielsituation

Der 13-jährige Dominic gilt als Störenfried. Im Unterricht verweigert er die Erledigung von Aufgaben, gähnt demonstrativ, bewirft Mitschüler mit Papierkugeln oder provoziert die Lehrer durch freche Antworten. Er scheint es geradezu darauf anzulegen, ermahnt zu werden. So zündet er sich auf dem Pausenhof vor den Augen der Aufsicht eine Zigarette an und schubst jüngere Kinder.

Die Mitschüler scheinen Respekt vor Dominic zu haben. Aber wenn Gruppenarbeiten anstehen, möchte keiner mit Dominic zusammenarbeiten. Die alleinerziehende Mutter Dominics kommt nie zum Elternsprechtag, auch persönliche Gespräche mit dem Klassenlehrer lehnt sie ab. Sie könne nicht immer in die Schule kommen, nur weil „Dominic mal wieder Mist gebaut" habe, schließlich habe sie noch zwei andere Kinder. Die Mutter droht Dominic häufig damit, ihn ins Heim zu stecken. Das ist Dominic jedoch egal, an eine gute Zukunft glaubt er sowieso nicht mehr.

Definition, Symptome, Häufigkeit

Alle Kinder und Jugendliche verstoßen manchmal gegen Regeln, hören nicht auf Erwachsene oder verhalten sich aggressiv. In einem begrenzten Maße sind dies normale kindliche bzw. jugendliche Verhaltensweisen. Wenn dies jedoch stark ausgeprägt ist und immer wieder auftritt, führt es zu erheblichen negativen Folgen, sowohl für den Betroffenen als auch für sein Umfeld (Familie, Schule etc.).

Aggressive Kinder und Jugendliche haben meist zahlreiche Konflikte mit ihren Eltern und schulische Probleme, sie werden von unauffälligen Gleichaltrigen abgelehnt (obwohl sie dies selbst anders darstellen), leiden häufig an Selbstwertproblemen oder entwickeln depressive Symptome, obwohl sie, oberflächlich betrachtet, so stark wirken. Von **aggressivem Verhalten** sprechen wir bei einem „auffälligen Verhalten mit einer Schädigungsabsicht" (PETERMANN et al., 2008, 10), das offen oder verdeckt erfolgen und sich auf Personen, Tiere oder Gegenstände beziehen kann.

Dabei ist zu unterscheiden zwischen *aggressivem Verhalten im engeren Sinn* (äußert sich gegenüber Menschen und Tieren; grundlegende Verletzung der Rechte des anderen und Missachtung altersentsprechender Regeln und Normen), *aggressiv-dissozialem Verhalten* (tritt üblicherweise erst im

Jugendalter auf, umfasst Betrug oder Diebstahl, das Zerstören von Eigentum anderer, Streunen oder Schuleschwänzen) und *oppositionellem Verhalten / Trotzverhalten* (generelle Verweigerungshaltung, welche eine schnelle Gereiztheit, häufige Streitigkeiten, absichtliches Ärgern anderer sowie Missachtung von Regeln beinhaltet) (vgl. PETERMANN et al. 2008).

Merkmale kennen und deuten

Um Ihnen die Einschätzung des Ausmaßes aggressiver Verhaltensweisen zu erleichtern, haben wir im Folgenden die Kriterien für **oppositionell-aggressives Verhalten** in der psychologischen Diagnostik aufgelistet (vgl. DILLING / FREYBERGER 2008):

- hat für das Entwicklungsalter ungewöhnlich häufige oder schwere Wutausbrüche
- streitet oft mit Erwachsenen
- widersetzt sich häufig aktiv den Anweisungen oder Regeln von Erwachsenen bzw. befolgt diese nicht
- ärgert andere absichtlich
- schiebt oft die Schuld für eigene Fehler oder eigenes Fehlverhalten auf andere
- ist häufig reizbar oder lässt sich von anderen leicht ärgern
- ist häufig zornig und ärgert sich schnell
- ist häufig boshaft oder rachsüchtig

Als Merkmale **aggressiv-dissozialen Verhaltens** werden folgende Symptome beschrieben:

- bedroht, schikaniert oder schüchtert andere häufig ein.
- beginnt oft körperliche Auseinandersetzungen (nicht mit Geschwistern)
- hat Waffen benutzt, die anderen schweren körperlichen Schaden zufügen könnten (z. B. Ziegelstein, zerbrochene Flasche, Messer, Schusswaffe)
- ist körperlich grausam zu Menschen (z. B. fesseln, ein Opfer mit Feuer verletzen)
- quält Tiere
- verübt kriminelle Handlungen in Konfrontation mit dem Opfer (z. B. Handtaschenraub, Erpressung)
- zwingt andere zu sexuellen Aktivitäten
- begeht vorsätzlich Brandstiftung mit dem Risiko oder Ziel, schweren Schaden anzurichten
- zerstört vorsätzlich fremdes Eigentum, anders als durch Brandstiftung
- bricht in fremde Wohnungen, Gebäude oder Autos ein
- lügt oft, um sich Güter oder Vorteile zu verschaffen oder um Verpflichtungen zu entgehen

- stiehlt Wertgegenstände ohne Konfrontation mit dem Opfer, Zuhause oder außerhalb (z. B. Ladendiebstahl, Unterschriftenfälschung)
- bleibt trotz elterlicher Verbote häufig nachts weg (Beginn vor dem 13. Lebensjahr)
- ist von Eltern mindestens zweimal über Nacht oder einmal länger als eine Nacht weggelaufen
- schwänzt häufig die Schule (Beginn vor dem 13. Lebensjahr)

Eine Diagnose im eigentlichen Sinne wird nur dann gestellt, wenn mehrere dieser Verhaltensweisen (bei besonders heftigen Verhaltensweisen wie z. B. der körperlichen Grausamkeit erfüllt auch nur das einmalige Auftreten das Kriterium) über **mindestens ein halbes Jahr** auftreten und zu einer Beeinträchtigung **in mehreren Lebensbereichen** (Familie, Schule, Gleichaltrige) führen.

Sorgfältige Diagnose durch Fachleute nötig

Freches Verhalten gegenüber Lehrkräften z. B. ist kein hinlängliches Kriterium für die Diagnose einer Störung des Sozialverhaltens. Diese wird vielmehr nach einer sorgfältigen Diagnostik durch Fachleute gestellt, die im Rahmen des diagnostischen Prozesses u. a. die Einschätzung sowohl der Eltern, als auch von Lehrern und dem Betroffenen selbst einholen.

Die Störung des Sozialverhaltens umfasst verschiedene Unterformen, z. B.:

- „auf den familiären Rahmen beschränkt" – bei vollständiger Beschränkung der Verhaltensstörung auf der häuslichen Rahmen
- „mit oppositionellem, aufsässigem Verhalten" – bei primär oppositionellem Trotzverhalten

Der oppositionelle Subtyp tritt meist bei jüngeren Kindern auf und ist häufig ein Vorläufer der sich eher im Jugendalter entwickelnden schwereren Formen aggressiv-dissozialen Verhaltens. Dabei findet eine Verschiebung vom physisch-aggressiven Verhalten, welches am häufigsten bei Zwei- bis Dreijährigen zu beobachten ist, zum **delinquenten Verhalten** im Jugendalter (primär in Form von stehlen, lügen, Schule schwänzen) statt.

Generell tritt delinquentes Verhalten besonders häufig im Jugendalter auf. Dies wird dadurch erklärt, dass in dieser Altersgruppe antisoziales Verhalten besonders zu Anerkennung durch Gleichaltrige führt und dadurch eine Ablösung von den Eltern erzielt werden kann. „Im jungen Erwachsenenalter bilden sich bei ungefähr 80 Prozent aller Betroffenen die aggressiv-dissozialen Verhaltensweisen zurück" (Petermann et al. 2008, 15). Zu dieser Gruppe gehören insbesondere diejenigen, die erst im späten Kindes- oder

Jugendalter vorübergehend aggressive Verhaltensweisen gezeigt haben. Sie können im Erwachsenenalter, in dem normkonformes Verhalten belohnt wird (z. B. durch feste Partnerschaft und beruflichen Erfolg), auf früher entwickelte positive und funktionale Verhaltensweisen zurückgreifen.

Es gibt jedoch auch eine Gruppe von früh und relativ dauerhaft auffälligen Personen. Aus ihr entwickelt sich oft jene kleine Gruppe persistenter Straftäter, auf die später über die Hälfte der registrierten Kriminalität entfällt.

(Lösel / Runkel 2009, 459)

Häufig Begleiterkrankungen

Aggressives Verhalten stellt die Leitsymptomatik der Störung des Sozialverhaltens dar, einzelne aggressive Verhaltensweisen treten jedoch auch im Rahmen anderer Störungsbilder auf (z. B. bei depressiven Erkrankungen oder bei Angststörungen) oder können Ausdruck einer vorübergehenden Belastungssituation sein (z. B. Scheidung der Eltern).

Eine hohe Komorbidität der Störung des Sozialverhaltens gibt es zu ADHS, Angststörungen, depressiven Erkrankungen und Suchterkrankungen. Häufigkeitsangaben für die Störung des Sozialverhaltens schwanken stark, werden aktuell bei 10 bis 15 Prozent angesiedelt. Dabei sind Jungen deutlich häufiger betroffen als Mädchen (2:1 bis 6:1) (vgl. Lösel / Runkel 2009, 456).

Exkurs Mobbing

Von Mobbing spricht man, wenn sich ein Opfer einem oder mehreren Tätern gegenüber sieht, die zielgerichtet, systematisch und über einen längeren Zeitpunkt Gewalt ausüben. Gewalt umschließt dabei verbale Angriffe (z. B. Beleidigungen) ebenso wie physische Angriffe (Schubsen, Treten), aber auch subtilere Formen wie Beziehungsschädigungen durch Verbreitung von Gerüchten. Es herrscht dabei ein Machtungleichgewicht, sodass es dem Opfer aus eigener Kraft nicht gelingt, das Mobbing zu beenden.

Es ist wichtig, zwischen Mobbing und „normalen" Konflikten oder Ärgern zu unterscheiden, da die jeweils zu ergreifenden Maßnahmen nicht dieselben sind.

Wir können an dieser Stelle nicht auf dieses sehr umfangreiche Thema eingehen, haben jedoch einen Literaturtipp zu Mobbing für Sie notiert (s. S. 83). Holen Sie sich bei dem Verdacht auf Mobbing in jedem Fall Unterstützung durch Ihre Schulleitung und durch Schulpsychologen. Dies ist ein Thema, welchem auf mehreren Ebenen (Schulebene, Klassenebene, persönliche Ebene) begegnet werden muss. Mobbing ist ein schulisches Problem und muss daher in der Schule angegangen werden. Es wird sich nicht von alleine lösen. Schauen Sie nicht weg!

Exkurs Schulabsentismus
Wenn Schüler dem Unterricht fernbleiben, kann es dafür viele Gründe geben. Nicht immer ist Schulabsentismus mit unlustbetontem Schuleschwänzen gleichzusetzen, es können auch schulische Ängste oder Trennungsängste dahinter stecken, ebenso wie das Zurückhalten des Schulpflichtigen durch den Erziehungsberechtigten.
Auch diese komplexe Thematik können wir hier nicht behandeln, haben jedoch auf S. 83 einige hilfreiche Links aufgeführt.
Ebenso wie bei Mobbing ist auch bei Schulabsentismus ein frühes und konsequentes Eingreifen notwendig!

Ursachen

Wie fast alle psychischen Erkrankungen ist auch die Störung des Sozialverhaltens multifaktoriell bedingt. Neben biologischen Faktoren (z. B. gibt es Hinweise, dass antisoziale Personen Defizite in Hirnregionen haben, die für Verhaltenshemmung und für die korrekte Verarbeitung von emotionalen Reizen zuständig sind) spielen das (impulsive) Temperament eines Kindes und vor allem Umwelteinflüsse eine wichtige Rolle. Dabei sind insbesondere ein emotional kaltes und konfliktreiches Familienklima und Erziehungsdefizite als Risikofaktoren für die Entstehung antisozialen Verhaltens belegt (vgl. Lösel / Runkel 2009).

Beim Erziehungsverhalten können z. B. zu wenige Ge- und Verbote zu einem Mangel an sozialer Orientierung führen. Aber auch bei einem verwöhnenden, inkonsequenten Erziehungsstil (materielles Konsumüberangebot, geringe Anforderungen, keine Begrenzung von Wünschen, Toleranz von aggressiven Verhaltensweisen) lernen Kinder nur selten, Anstrengungen anzugehen und Bedürfnisse aufzuschieben. Vielmehr ist häufig eine nur geringe Frustrationstoleranz die Folge ebenso wie anstrengungsvermeidendes Verhalten, was zu zahlreichen Misserfolgen führt und in der Kombination häufig aggressives Verhalten auslöst.

Ebenso können zu viele Ge- und Verbote aggressives Verhalten begünstigen, insbesondere wenn Begrenzungen unbegründet oder widersprüchlich erfolgen. Häufig erleben aggressive Kinder hauptsächlich negative Reaktionen ihrer Eltern. Man weiß aus entsprechenden Familien, dass die Eltern sich oftmals ablehnend gegenüber dem Kind verhalten, dass sie schnell erregbar und emotional labil sind und daher inkonsequent auftreten. Sie schätzen die Entwicklungs- und Leistungsmöglichkeiten ihres Kindes nicht richtig ein und stellen daher überhöhte Erwartungen an das Kind (vgl. Petermann et al. 2008).

Aggressives Verhalten wird nicht zuletzt auch durch **Modelllernen** am Beispiel der eigenen Eltern erworben. Vernachlässigung und Kindesmisshandlung sind belegte Risikofaktoren späterer Aggressivität. Entsprechend sind „aggressive Kinder nicht nur als Täter, sondern auch als Opfer zu sehen" (Lösel / Runkel 2009, 463).

Verständnis entwickeln

Gleichzeitig gibt es auch hinsichtlich der Eltern viele Hintergrundvariablen, die einen Einfluss darauf haben, dass es diesen Eltern eben nicht gelingt, ihren Kindern mit Ruhe und Gelassenheit gegenüber zu treten. So finden sich im Sozialhintergrund antisozialer junger Menschen überdurchschnittlich häufig Arbeitslosigkeit der Eltern, geringes elterliches Einkommen, Trennung / Scheidung, psychische Störungen der Eltern (z. B. depressive Erkrankungen, aber auch Suchterkrankungen), schlechte Wohnverhältnisse und Kriminalität der Eltern (vgl. Lösel / Runkel 2009).

Dies soll aggressive Verhaltensweisen nicht entschuldigen, aber vielleicht gelingt es mit diesem Wissen im Hinterkopf etwas besser, diesen Kindern (und ihren Eltern) angemessen zu begegnen.

Bei den aggressiven Kindern selbst spielen insbesondere Wahrnehmungsverzerrungen, mangelnde soziale Kompetenzen, eine geringe Selbstkontrolle und geringe Empathie eine wichtige Rolle. Viele aggressive Kinder befinden sich in einer dauerhaften Alarmbereitschaft und rechnen mit ständigen „Angriffen" ihres Umfelds.

Sie nehmen nicht-aggressive Verhaltensweisen anderer (wie z. B. ein langes Angeschautwerden oder ruckartige Bewegungen) als Angriff wahr und reagieren entsprechend. Auch fällt es ihnen schwer, sich ohne aggressives Verhalten zu behaupten, abzugrenzen oder auch Zuwendung einzufordern. Hinzu kommt neben der genannten Impulsivität insbesondere das nur geringe Einfühlungsvermögen in die Situation anderer (vgl. hierzu Petermann et al. 2008).

Zur Aufrechterhaltung der Störung des Sozialverhaltens trägt insbesondere eine **wechselseitige Verstärkung** dieser genannten Faktoren bei. Je weniger positive Rückmeldung Kinder und Jugendliche erhalten, desto höher ist z. B. das Risiko, dass diese sich delinquenten Cliquen anschließen, in denen ihr Problemverhalten bekräftigt wird.

Hier spielt auch die Schule eine wichtige Rolle. So sind schulische Erfolge und Bindung an die Schule wichtige Schutzfaktoren vor aggressivem Verhalten. Diese werden durch ein positives „Klassen- und Schulklima, ein kompetentes, engagiertes, einfühlsames und konsequentes Lehrerverhalten [sowie] die Betonung schulischer Werte" (Lösel/Runkel 2009, 463) gefördert.

Sich nicht in die Erpresserspiralen locken lassen

Besonders verfestigt sich aggressives Verhalten, wenn es Kindern und Jugendlichen damit gelingt, ihre Wünsche durchzusetzen. Im häuslichen Rahmen geraten Eltern mit ihren Kindern häufig in Erpresserspiralen, in denen es zu immer heftigeren Formen der wechselseitigen Provokation und Erpressung zwischen Eltern und Kindern kommt (vgl. Petermann et al. 2008).

Diese meist sehr eingefahrenen, **ungünstigen Interaktionsprozesse** mit wechselseitigen Bedrohungen, die entweder mit Resignation oder aggressivem Verhalten der Eltern zu Ende gehen, gilt es, im Rahmen einer therapeutischen Behandlung aufzubrechen. Auch andere Bezugspersonen geraten häufig mit aggressiven Kindern und Jugendlichen in diese Interaktionsteufelskreise.

Eltern

Gerade wenn Kinder und Jugendliche bereits gelernt haben, sich mit aggressivem Verhalten durchzusetzen, ist eine **enge Zusammenarbeit** zwischen der Schule und den Eltern dringend notwendig, da Maßnahmen, die nur bei dem Kind oder Jugendlichen ansetzen, in der Regel wenig wirkungsvoll sind.

Besser ist es, das Umfeld mit einzubeziehen, indem es bei aggressivem Verhalten mit negativen Konsequenzen und bei nicht-aggressiven Verhaltensweisen mit gezielter Förderung reagiert. Hier ist es wichtig, dass Eltern und Schule sich regelmäßig über auftretende Probleme austauschen und vor allem hinsichtlich der eingesetzten Konsequenzen Einigkeit besteht.

Im Rahmen einer **therapeutischen Behandlung** aggressiver Kinder und Jugendlicher findet in der Regel eine Kombination aus Interventionen statt, die sich an das Kind bzw. den Jugendlichen richten (z. B. Aufbau sozialer Fertigkeiten, Verbesserung der Ärger- und Wutkontrolle, Förderung der Empathie und Perspektivenübernahme) und solcher, die bei den Eltern ansetzen (z. B. Aufstellen klarer Verhaltensregeln, konsequentes Sanktionieren unangemessener Verhaltensweisen, Verstärken adäquater Verhaltensweisen, grundsätzliches Annehmen des Kindes trotz Fehlverhaltens).

Eltern von aggressiven Kindern und Jugendlichen neigen häufig dazu, die problematischen Handlungen ihres Kindes zu leugnen und die Verantwortung dafür anderen zuzuschreiben.

Eine andere typische Elternreaktion stellt die Distanzierung und Abwendung von dem Kind/Jugendlichen dar (vgl. Lösel/Runkel 2009). Beide Haltungen sind für den weiteren Prozess wenig hilfreich. Es ist daher elementar, mit den Eltern gemeinsam eine *wohlwollende* Haltung dem Kind gegenüber zu entwickeln und gleichzeitig aggressives Verhalten klar zu sanktionieren und nicht zu entschuldigen.

Die liebenswerten Eigenschaften auflisten

Um eine positive Einstellung gegenüber diesen oft Verärgerung hervorrufenden Kindern oder Jugendlichen zu entwickeln, ist es hilfreich, wenn Sie sich noch einmal bewusst machen, dass sich kein Kind oder Jugendlicher grundlos aggressiv verhält. Versuchen Sie, sich noch einmal die oben dargestellten Ursachen vor Augen zu führen und sich ins Gedächtnis zu rufen, dass aggressive Kinder und Jugendliche in der Regel einen inneren Leidensdruck haben, der von außen oftmals nicht erkennbar ist. Manchmal kann es auch hilfreich sein, wenn Sie sich eine Liste mit den liebenswerten Eigenschaften des Betroffenen machen und sich einmal fünfzehn Minuten Zeit nehmen, um sich über seine / ihre Ressourcen klar zu werden.

Um aggressives Verhalten klar sanktionieren zu können, ist es wichtig, gerade den Eltern zu verdeutlichen, dass es für das weitere Vorankommen ihres Kindes elementar ist, **alternative Konfliktlösetechniken** zu erlernen.

Dem Kind / Jugendlichen ist nicht geholfen, wenn es sich erstmals mit 18 Jahren vor einem Richter für eigene Verhaltensweisen verantworten muss. Daher sollte auch die Schule – obwohl solche Maßnahmen von Lehrern ungern ergriffen werden – schon früh in Erwägung ziehen, eine Straftat anzuzeigen, da insbesondere das Jugendstrafrecht einen Erziehungscharakter hat.

Der Staat bietet dazu vielfältige Unterstützungsmöglichkeiten (wie z. B. Jugendhilfemaßnahmen). Zudem können frühzeitige Konsequenzen vor einem tiefen Fall zu Beginn der Volljährigkeit bewahren. Zu einer Strafanzeige muss man sich bewusst entscheiden, entsprechend sollte dies vorher durch die Schulleitung mit dem Kollegium thematisiert werden. Darüber hinaus ist in jedem Fall vorher das Gespräch mit den Eltern des betroffenen Kindes / Jugendlichen zu suchen, um die Hintergründe für dieses Vorgehen zu erläutern!

Umgang im Unterricht

Lehrerverhalten

Grundsätzlich gilt, dass sich alle Kinder und Jugendlichen Aufmerksamkeit und Zuwendung wünschen. Je mehr sie dies über erwünschtes Verhalten bekommen können, desto weniger nutzen sie andere, dysfunktionale Wege wie z. B. Gewalt.

- Sie sollten daher versuchen, die Aggressivität des Schülers so früh wie möglich zu begrenzen. Warten Sie nicht ab und entschuldigen Sie sein Verhalten nicht als „Ausrutscher“.
- Sprechen Sie den betroffenen Schüler direkt auf sein Verhalten an, um ihm die Anonymität seines Vorgehens zu nehmen und um ihm zu zeigen, dass Sie sein Verhalten unter keinen Umständen tolerieren werden.
- Versuchen Sie zu dem betroffenen Schüler eine Beziehung aufzubauen. Führen Sie kurze Einzelgespräche mit ihm, in denen Sie ihm seine Stärken bewusst machen und ihn dafür loben.
- Setzen Sie ihm aber auch klare Grenzen und stellen Sie Regeln auf. Teilen Sie ihm mit, was passiert, wenn er gegen diese Regeln verstößt. Halten Sie bei der Festlegung der Regeln Rücksprache mit der Schulleitung.
- Seien Sie bei einem Regelverstoß konsequent! Und zwar direkt und ohne Ausnahme! Im hektischen Schulalltag mit all seinen Herausforderungen fällt dies manchmal schwer. Überlegen Sie allerdings, wie es auf den betroffenen Schüler wirkt, wenn seine Bestrafung verschoben oder gar aufgehoben wird.
- Geben Sie dem Schüler – und auch seinen Eltern – in festgelegten Gesprächsterminen positive und negative Rückmeldung über sein Verhalten. Loben Sie in diesen Gesprächen erwünschte Verhaltensweisen.
- Um dem betroffenen Schüler direkt nach einer Unterrichtsstunde Rückmeldung zu geben und zur Information für die Eltern, kann es sinnvoll sein, dass der Schüler einen Tagesbeurteilungsbogen führt. Dazu legen Sie gemeinsam mit dem Schüler ein Verhaltensziel fest. Alle Lehrkräfte des Betroffenen beurteilen, ob er sein Ziel in der jeweiligen Unterrichtsstunde erreicht hat (siehe Kopiervorlage 6). Sie sollten mit dem betroffenen Schüler jeden Tag einen festen Termin vereinbaren, an dem Sie gemeinsam das Ergebnis des Tages und damit auch sein Verhalten reflektieren. Das dauert meist nicht mehr als fünf Minuten. Auch kann es sinnvoll sein, dass dem Betroffenen eine Belohnung in Aussicht gestellt wird, wenn sein Verhalten positiv ist.
- Seien Sie selbst Vorbild für Konfliktlöseverhalten, auch im Umgang mit dem betroffenen Schüler, d. h., brüllen Sie nicht in der Klasse, gehen Sie selbst respektvoll mit Schülern um, zeigen Sie Respekt vor Kollegen.

Unterrichtsmanagement

- Es ist nicht nötig, dass Sie ihr komplettes Unterrichtsmanagement verändern. Allerdings sollten Sie der Klasse deutlich zeigen, dass aggressives Verhalten unerwünscht ist und nicht geduldet wird.

- Stellen Sie feste Regeln gegen Gewalt auf und machen Sie die Konsequenzen eines Regelverstoßes transparent.
- Vereinbaren Sie mit den Schülerinnen und Schülern Verhaltensregeln, wenn sie aggressives Verhalten des betroffenen Schülers beobachten oder selbst Opfer dieses Verhaltens werden. Erklären Sie Ihnen dabei den Unterschied zwischen „petzen“ und „sich wehren“.
- Fördern Sie die sozialen Kompetenzen und Konfliktlösekompetenzen der Klasse. Die folgenden Beispiele sollen Ihnen zeigen, wie eine solche Förderung gestaltet werden kann.

Beispiel 1: Respekt – du hast drei Wünsche frei

Beispiel 1: Thema Respekt in der Klasse

(nach Jannan 2010, 116-117)

Den Begriff „Respekt“ benutzen Schülerinnen und Schüler fast schon inflationär. Ihn allerdings mit Inhalt zu füllen, fällt ihnen schon schwerer. Durch die Übung setzen sich die Schülerinnen und Schüler mit ihren eigenen Vorstellungen von einem respektvollen Umgang auseinander und erarbeiten Verhaltensweisen. Gleichzeitig erkennen sie, dass respektloses Verhalten zu Konflikten führt.

Die Übung beginnt damit, dass die Schülerinnen und Schüler auf den Wunschzettel schreiben, über welches Verhalten ihrer Mitschüler sie sich besonders freuen.

So möchte ich gerne behandelt werden!

1. ______________________________

2. ______________________________

3. ______________________________

In Ergänzung zu diesem ersten Wunschzettel füllen die Schülerinnen und Schüler dann einen zweiten Zettel aus, auf dem sie festhalten, welche Verhaltensweisen sie besonders stören.

So möchte ich nicht behandelt werden!

1. ______________________________

2. ______________________________

3. ______________________________

Die Ergebnisse werden in einem Klassengespräch diskutiert. Sie können gemeinsam entsprechende Klassenregeln gegen Gewalt aufstellen. Diese sollten positiv formuliert sein: also statt „Wir gehen nicht respektlos miteinander um." besser „Wir haben Respekt voreinander." Den Schülerinnen und Schüler muss allerdings klar sein, was ein respektvoller Umgang miteinander genau bedeutet.

Da diese einfache Übung nur wenig Zeit in Anspruch nimmt, ist sie gut geeignet, um sich dem Thema insgesamt zu nähern. Von Zeit zu Zeit kann sie wiederholt werden.

Beispiel 2: Thema Interaktion in der Klasse

Beispiel 2: Kooperative Methode

(nach Redlich 2000)

Ziel der „Kooperativen Methode" ist es, dass Schülerinnen und Schüler, aber auch Lehrkräfte sich verständigen, Vereinbarungen treffen und neue Interaktionsmuster innerhalb der Klasse einüben. Grundlage dieser Methode ist die Annahme, dass eine Klasse ihre Interaktionsregeln selbst erzeugt. Wenn es in der Klasse ein Problem gibt, dann wirken alle Beteiligten daran mit. Es gibt demnach keinen „Sündenbock", dem eine Klasse und damit auch die Lehrkraft allein die Verantwortung für ein Problem übertragen kann.

Die „Kooperative Methode" umfasst vier Phasen:

Phase 1: Die erste Phase dient zur gemeinsamen, kooperativen Diagnose des Ist-Zustandes in der Klasse. Die Lehrkraft und die Schülerinnen und Schüler schildern die aktuelle Klassensituation aus ihrer Perspektive. Diese Phase ist für die Durchführung der Methode von großer Bedeutung. Ihr sollte daher genügend Zeit und Ruhe eingeräumt werden. Der offene Austausch, vor allem über unterschiedliche Sichtweisen und Wahrnehmungen, sollte im Vordergrund stehen.

Es geht in dieser ersten Phase nicht darum, die Aussagen der anderen mit „richtig" oder „falsch" zu bewerten, sondern Wahrnehmungen zu sammeln, um ein Problem zu identifizieren. Das kann auch per Fragebogen anonym geschehen, falls ein offener Austausch in der Klasse nicht möglich ist und Sie die Befürchtung haben, dass sich nicht alle Schülerinnen und Schüler beteiligen werden.

Phase 2: In der zweiten Phase steht die kooperative Planung im Mittelpunkt. Es werden gemeinsame Ziele festgelegt, Lösungsvorschläge und konkrete Vereinbarungen getroffen, etwa dass in der Klasse niemand mehr brüllt.

Für die Umsetzung wird gemeinsam ein Zeitraum festgelegt. Die Praxis hat gezeigt, dass sich für Schülerinnen und Schüler ein überschaubarer Zeitraum von einer Woche bewährt.

Phase 3: Die dritte Phase, auch die „kooperative Intervention" genannt, dient dazu, die Absprachen praktisch umzusetzen und so neue Interaktionsformen zu trainieren.

Phase 4: In der Abschlussphase reflektieren Lehrkräfte und Schülerinnen und Schüler gemeinsam die kooperative Intervention und bewerten ihr Ergebnis: Haben sie ihr Ziel erreicht? Konnte eine Veränderung in der Klasse festgestellt werden? Oder braucht die Klasse eine weitere kooperative Intervention? Schließlich wird gemeinsam geklärt, welches Ziel die Klasse als Nächstes für sich festlegen möchte.

Die Dauer des Projektes kann sehr unterschiedlich ausfallen. Meist lassen sich erste Veränderungen schon nach vier bis sechs Wochen feststellen.

Bevor Sie die „Kooperative Methode" mit einer Klasse durchführen, sollte der Ablauf allen Schülerinnen und Schülern transparent gemacht werden. Legen Sie Gesprächsregeln fest, da es besonders in der ersten Phase zu emotionalen Diskussionen kommen kann.

Die Ziele wie auch die Ergebnisse sollten für die Schülerinnen und Schüler visualisiert und in der Klasse ausgehängt werden, um sie für alle präsent zu halten. Die folgende Abbildung zeigt Ihnen eine Möglichkeit zur Umsetzung.

Die Wochenziele der Klasse ...

Woche 1:
Alle sprechen in angemessener Lautstärke miteinander. ☺ ☹

Woche 2:
Wir benutzen keine Schimpfwörter. ☺ ☹

Beispiel 3: Coolness-Training

(nach Melzer/Schubarth/Ehninger 2011)

Beispiel 3: Thema friedliches Miteinander in der Klasse

Das Coolness-Training ist ein Anti-Aggressions-Training. Schülerinnen und Schüler sollten die Ursachen, Auslöser und Gelegenheiten für gewalttätiges Verhalten erfahren. Das Training geht von folgenden drei Grundannahmen aus:

1. Gewalt und Aggression werden als natürlicher Persönlichkeitsanteil akzeptiert. Sie sind durch Regeln und Tabus zu kultivieren.

2. Die wohlwollende Konfrontation der Teilnehmer mit den eigenen unangenehmen Aspekten ihres Verhaltens führt zu Verhaltensänderungen.
3. Kinder und Jugendliche tragen die Verantwortung für ein friedfertiges Miteinander in der Klasse und auf dem Schulhof mit.

Das Coolness-Training ist eine Form der Peer-group-education, d.h., die Gleichaltrigengruppe wird zum wichtigen Erziehungsfaktor. Jede Trainingseinheit ist strukturiert in „Warming up", Sportspiele, inhaltlicher Schwerpunkt, „Cool-down" und Entspannung.

Lernziele des Anti-Aggressions-Trainings

Lernziele des Trainings sind:
- Die eigenen aggressiven Gefühle bewusst wahrnehmen.
- Eigene Stärken und Schwächen kennen und akzeptieren.
- Erkennen, dass es neben der eigenen subjektiven Sichtweise viele andere subjektive Wahrheiten gibt.
- Leichte Konfrontationen und Provokationen aushalten.
- Frustrationstoleranz erhöhen und mehr kreative Reaktionen in gewalthaltigen Situationen einüben.
- Eigenes Rollenverhalten, Rollenzuweisungen und -erwartungen kennen lernen.
- Einen anderen weniger als Feind wahrnehmen.
- Entspannungstechniken kennen lernen.

Für die Durchführung dieses Trainings brauchen Sie einen externen Trainer, der in einem Zeitraum von drei bis fünf Monaten zwei bis drei Unterrichtsstunden pro Woche mit der Klasse trainiert.

Voraussetzungen dafür sind eine freiwillige Teilnahme am Training und ein belastbares und vertrauensvolles Verhältnis zwischen Schülerinnen und Schülern.

Zur Einführung des Coolness-Trainings an Schulen empfiehlt sich folgende Vorgehensweise: Das Coolness-Training wird zuerst im Lehrerkollegium vorgestellt. Nach der Klärung des konkreten Handlungsbedarfs wird über die Durchführung des Programms entschieden. Dann werden die beteiligten Schulklassen über das Training informiert, wobei der Klasse die Entscheidung für die Teilnahme obliegt. Anschließend werden die Eltern informiert.

jugendherberge.de

Über Angebote für entsprechende Trainings können Sie sich z.B. auf der Internetseite des Deutschen Jugendherbergswerks und bei einigen anderen Institutionen (über das Suchwort) informieren.

Beratungsangebote

- Schulpsychologische Beratungsstelle
- Sozialpädiatrisches Zentrum (SPZ)
- Kinder- und jugendpsychiatrische Ambulanzen
- Niedergelassene Kinder- und Jugendlichenpsychotherapeuten
- Niedergelassene Kinder- und Jugendlichenpsychiater

Literaturtipps

Petermann, Franz / Döpfner, Manfred / Schmidt, Martin H. (2008): Ratgeber Aggressives Verhalten. Informationen für Betroffene, Eltern, Lehrer und Erzieher. 2., aktualisierte Auflage. Hogrefe Verlag

Zu Mobbing:

Jannan, Mustafa (2010): Das Anti-Mobbing-Buch. Gewalt an der Schule – erkennen, vorbeugen, handeln. 3. Auflage. Beltz Verlag: Weinheim

Melzer, Wolfgang / Schubarth, Wilfried / Ehninger, Frank (2011): Gewaltprävention und Schulentwicklung. Analysen und Handlungskonzepte. 2. Aufl. Klinkhardt: Bad Heilbrunn

Redlich, Alexander (Hrsg.) (2000): Die Kooperative Methode im Unterricht. 14 Fallbeispiele zur Lösung von Konflikten und zur Verbesserung der Kommunikation und Kooperation in Schulklassen. Materialien aus der Arbeitsgruppe Beratung und Training. Hamburg

Zu Schulabsentismus:

Handlungskonzept der Stadt Oldenburg gegen Schulabsentismus: http://www.oldenburg.de/fileadmin/oldenburg/Benutzer/PDF/51/515_Schule/Handlungskonzept_gegen_Schulabsentismus.pdf

Konzept des Landesrates für Kriminalitätsverhütung Schleswig-Holstein: Jeder Schüler / Jede Schülerin zählt. http://www.schleswig-holstein.de/Bildung/DE/Service/Broschueren/Bildung/Absentismus__blob=publicationFile.pdf

Literaturnachweise

Dilling, Horst / Freyberger. Harald J. (2008): Taschenführer zur ICD-10-Klassifikation psychischer Störungen. 4. Auflage. Hans Huber: Bern

Lösel, Friedrich / Runkel, Daniela (2009): Störungen des Sozialverhaltens. In: Schneider, Silvia / Margraf, Jürgen (Hrsg.) (2009): Lehrbuch der Verhaltenstherapie. Band 3: Störungen im Kindes- und Jugendalter. Springer: Heidelberg, 453-480

PETERMANN, FRANZ / DÖPFNER, MANFRED / SCHMIDT, MARTIN H. (2008): Ratgeber Aggressives Verhalten. Informationen für Betroffene, Eltern, Lehrer und Erzieher. 2., aktualisierte Auflage. Hogrefe Verlag: Göttingen

Legasthenie und Dyskalkulie (Teilleistungsstörungen)

9

Beispielsituation
Dienstag, vierte Stunde, Klasse 6a: Bei der Durchsicht der Deutsch-Hausaufgaben fällt Ihnen erneut auf, dass Lauras Aufgaben nicht vollständig sind. Ihre Schrift ist kaum zu entziffern und es wimmelt von Rechtschreibfehlern. Überhaupt sieht das Heft, das sie erst vor ein paar Tagen neu angefangen hat, so aus, als ob es schon Monate alt sei: Es hat Eselsohren, das Deckblatt ist zerrissen.
Bei der anschließenden Gruppenarbeit fällt es Laura sichtlich schwer, in der Gruppe mitzuarbeiten. Ihre Konzentration lässt mehr und mehr nach. Als die Schüler einen Text aus dem Schulbuch laut vorlesen sollen, sehen Sie Laura an, dass sie sich am liebsten in Luft auflösen würde, denn ihr fällt das Lesen besonders schwer.

A: Legasthenie
Definition, Symptome, Häufigkeit

Bei diesem Störungsbild wird unterschieden zwischen Lese-Rechtschreib-Störung und Lese-Rechtschreib-Schwäche. Die Abgrenzung beruht auf der Annahme von Unterschieden bei den Ursachen, den kognitiven Fähigkeiten, dem Förderbedarf und der Prognose.

Sehr genau diagnostizieren

Typische Auffälligkeiten einer unerkannten Lese-Rechtschreib-Störung sind Bauchschmerzen oder Schulangst. Viele Schüler verweigern die Schule und meinen: „ich will gar nicht lesen lernen", „ich bin zu dumm". Häufig zeigen solche Kinder auch Auffälligkeiten, die denen einer ADHS sehr nahe kommen. Stellt man sich vor, dass man weder lesen noch schreiben kann, leuchtet einem ein, dass man sich anderweitig beschäftigen muss: mit Blödsinn machen, Ablenkung anderer Kinder und sachfremden Dingen. Da häufig eine Komorbidität von ADHS und Legasthenie vorliegt, muss eine besonders gute Differentialdiagnostik durchgeführt werden. Besprechen Sie dies mit den Eltern!

Diagnostisch ist die Lese-Rechtschreib-Störung in die umschriebenen Entwicklungsstörungen schulischer Fertigkeiten einzuordnen (s.u.). Es handelt sich also um eine Entwicklungsstörung, bei der Lese-Rechtschreib-Schwäche hingegen handelt es sich nicht um eine Störung mit Krankheitswert.

Die Begriffe LRS, Lese-Rechtschreib-Störung und Lese-Rechtschreib-Schwäche werden häufig synonym verwendet, was nicht richtig ist.

Etwa 4 bis 6 Prozent der Kinder und Jugendlichen sind von diesem Problem betroffen, sodass statistisch gesehen ein Schüler pro Klasse unter einer klinisch relevanten Legasthenie leidet.

Lese-Rechtschreib-Störung (Legasthenie)

In der Regel sind für die Diagnose einer Lese-Rechtschreib-Störung folgende Richtwerte ausschlaggebend:

Das Intelligenzniveau liegt nicht im Bereich der geistigen Behinderung (IQ > 70). Die Lese- oder Rechtschreibleistung sollte deutlich schlechter sein, als dies nach der allgemeinen Intelligenzentwicklung zu erwarten ist.

Man spricht bei der Diagnose von einem „doppelten Diskrepanzkriterium“: Die Lese- oder Rechtschreibleistung ist deutlich niedriger, als es der übrigen Altersgruppe entspricht (erstes Diskrepanzkriterium) und die Lese- oder Rechtschreibleistung ist deutlich schwächer, als es der Intelligenzquotient erwarten ließe (zweites Diskrepanzkriterium).

Lese-Rechtschreib-Schwäche

Lässt sich eine Lese-Rechtschreib-Schwierigkeit durch mangelhafte Beschulung, durch eine psychische oder neurologische Erkrankung oder durch eine Sinnesbehinderung (z. B. Schwerhörigkeit oder Sehbehinderung) erklären, handelt es sich oft um eine vorübergehende Lese-Rechtschreib-Schwäche. Werden dagegen die aufgeführten Ursachen ausgeschlossen und liegt eine hinreichende allgemeine Intelligenzentwicklung vor, so ist die Diagnose einer Lese-Rechtschreib-Störung zu stellen.

Exkurs Deutsch als Zweitsprache

Bei Kindern und Jugendlichen, deren Erstsprache nicht Deutsch ist, wird häufig fälschlicherweise Legasthenie diagnostiziert. Zwar haben sie ähnliche Symptome wie betroffene Schüler, aber die Ursache ist eine völlig andere, nämlich eine mangelnde Unterstützung im Bemühen, Deutsch als Zweitsprache zu lernen.

Stellen Sie sich vor, Sie müssten einen Lese- und Rechtschreibtest in einer Sprache machen, die Sie erst seit einem halben Jahr lernen und in der Sie noch kaum alphabetisiert sind. Ihr Ergebnis wäre wahrscheinlich miserabel, aber hätten Sie deshalb eine unerkannte Lese-Rechtschreib-Störung?

Deshalb können auch Testungen für Lese-Rechtschreib-Störungen keinen Aufschluss über den Sprachstand eines Kindes geben, dessen Erstsprache nicht Deutsch ist. Dafür gibt es andere Testungen wie z. B. C-Tests. Sie erfassen den allgemeinen Sprachstand in der Zielsprache und bestehen meist aus fünf Texten mit jeweils 20 oder 25 Lücken, die ergänzt werden müssen.

C-Tests werden weltweit angewendet und messen objektiv und sehr genau und liegen inzwischen in vielen europäischen und außereuropäischen Sprachen vor. Weitere Informationen finden Sie im Internet.

www.c-test.de

Ursachen

Als Ursache ist eine **erbliche Komponente** erwiesen; untersucht man im MRT die Aktivierung im Gehirn beim Lesen, zeigt sich bei einem Legastheniker eine deutlich geringere und verzögerte Aktivierung im entsprechenden Hirnareal im Vergleich zu einem Gesunden.

Es werden biologische Reifungsprozesse der Gehirnentwicklung mit der Entstehung von Entwicklungsstörungen in Verbindung gebracht.

Eltern

Besonders wichtig ist es, dass man dem Kind die Legasthenie erklärt und ihm somit das Gefühl nimmt, ein Versager zu sein. Schüler und Schülerinnen mit Legasthenie erleben bereits die Grundschule als sehr belastend. Da die Grundfertigkeiten im Lesen und Schreiben in der Grundschule erlernt werden sollen, macht sich die Lernschwäche in den ersten vier Schuljahren am stärksten bemerkbar. In dieser Zeit wird deshalb das Leistungsvermögen der Kinder massiv in Frage gestellt, was schnell zu Frustrationen, sozial auffälligem Verhalten oder Unlust führen kann. Schülerinnen und Schüler mit Legasthenie kommen daher meist mit einem **negativen Selbstbild** über sich und ihre schulischen Fähigkeiten in die weiterführende Schule.

Auf den weiterführenden Schulen tritt die Legasthenie zunehmend in den Hintergrund, weil mehr Fachwissen gefragt ist, daher ist es wichtig, dass das Kind die für sein Intelligenzniveau passende Schulart besuchen kann.

Mit der Unterstützung durch ein liebe- und verständnisvolles Elternhaus entwickeln Legastheniker oft eine außergewöhnlich **starke Persönlichkeit,** da sie bereits im Kindesalter gelernt haben, Probleme zu akzeptieren und Lösungsmöglichkeiten zu finden. Für Eltern ist es wichtig, sich darauf zu konzentrieren, die Stärken ihres Kindes zu fördern und ihm Hilfestellung zu geben, mit seiner Legasthenie selbstbewusst umzugehen.

Die Schule sollte sich daher um einen entgegenkommenden Dialog mit den Eltern bemühen und deutlich machen, dass ihrem Kind Verständnis entgegengebracht wird. Den Eltern sollten mögliche Hilfestellungen dargelegt werden. So können für die Hausaufgaben **Sonderregelungen** vereinbart werden, denn nur nützliche und erfüllbare Aufgaben helfen den Kindern weiter.

Wichtig ist auch ein Zeitlimit, unabhängig davon, ob die Hausaufgaben fertig sind. Der individuelle Lernfortschritt sollte gelobt werden, auch wenn es sich dabei um objektiv kleine Erfolge handelt, um das Selbstvertrauen des Kindes zu stärken.

Statt häuslicher Diktate viel Lernen

Außerdem sollten Eltern ihr Kind darauf vorbereiten, dass die Legasthenie nur durch langfristige Bemühungen verbessert werden kann. Erklären Sie den Eltern, dass häusliche Diktate ihrem Kind nicht helfen, sondern die Situation eher zuspitzen, weil auf beiden Seiten Frustrationen entstehen.

Stattdessen sollten Sie den Eltern aufzeigen, dass Lesen für den schulischen Erfolg ihrer Kinder wesentlich bedeutsamer ist als Rechtschreibung: Die Lesekompetenz ist für den Wissenserwerb in allen Fächern Voraussetzung. Kleine Leseübungen und auch das gemeinsame Lesen unterstützen die Entwicklung der Lesekompetenz des Kindes. Gleichzeitig sollten aber auch ein oder mehrere Tag(e) „lesefrei" bleiben, da sonst die Motivation des Kindes schnell abnimmt. Abzuraten ist allerdings davon, Lesen als Strafe bzw. Nicht-Lesen als Belohnung einzusetzen.

Für das Elterngespräch finden Sie einen Protokollbogen als Kopiervorlage (siehe KV 10).

Umgang im Unterricht

Sollten Sie bei einem Schüler einen Verdacht auf das Vorliegen einer Teilleistungsschwäche haben, veranlassen Sie eine umfassende psychodiagnostische Untersuchung. Es muss ein ausführlicher Intelligenztest durchgeführt werden, nur anhand dieses Ergebnisses kann das Diskrepanzkriterium angewandt werden. Bei der Auswahl der Lese- und Rechtschreibtests ist auf eine möglichst neue Normierung zu achten.

Folgende Rechtschreibtests eignen sich:

- Klasse 1 bis 4: WRT (im jeweiligen Testheft ist der genaue Testzeitraum angegeben)
- Klasse 5: DRT 5
- Klasse 6 bis 7: RST 6/7
- Ab 14 Jahre: RST-NRR

Die häufig verwendete Hamburger Schreibprobe (HSP) wird kontrovers diskutiert; die Normen sind veraltet.

Die HSP liefert somit unzuverlässige Ergebnisse, nach Schätzung von Experten fällt sie fünf Testpunkte zu leicht aus. Damit haben Sie bei Anwendung dieses Testes ein falsch negatives Ergebnis: Die Schülerinnen und Schüler schneiden besser ab, als sie in Wirklichkeit sind, die Rate der Schüler mit einer Legasthenie sinkt fälschlicherweise!

Siehe hierzu auch www.kjp.med.uni-muenchen.de/forschung/legasthenie/diagnose.php

Tests können durchgeführt werden bei Schulpsychologen, niedergelassenen Kinder- und Jugendlichenpsychotherapeuten oder in Ambulanzen, auch sozial-psychiatrische Zentren (SPZ) übernehmen die Diagnostik.

Eine Lesestörung stellt sich in der Regel spätestens ab Ende der zweiten Klasse als erheblich reduzierte Leseflüssigkeit dar, während die relativ seltenen Lesefehler vor allem gezeigt werden, wenn das Kind schneller lesen soll. Eine Studie von KLICPERA et al. (1993) zeigte, dass die Leseflüssigkeit von Kinder der achten Klasse, die unter Schwierigkeiten litten, der von unauffälligen Schülern der zweiten Klassen entsprach. Es handelt sich also um eine Entwicklungsverzögerung von sechs Jahren!

Auch wenn ein Kind sehr langsam fehlerfrei lesen kann und Ihnen das Lesetempo unterdurchschnittlich erscheint: Geben Sie dem Kind einen gewissen Abschnitt zum lauten Lesen und überprüfen Sie das sinnerfassende Lesen. Meist haben diese Kinder hierfür keine Kapazitäten mehr übrig.

Da Kinder mit diesen Schwierigkeiten häufig Meister im Auswendiglernen von Texten sind, fallen sie in den ersten Schuljahren nicht auf. Haben Sie dennoch den Verdacht, das Kind habe Schwierigkeiten mit dem Lesen, geben Sie ihm mal eine Pseudowortleseaufgabe vor. Ein Kind mit einer Legasthenie wird wahrscheinlich nicht die Wörter „Pflam“ oder „Buam“ lesen. Weitere typische Fehler bei Kindern und Jugendlichen mit einer LRS sind:

Typische Fehler beim Lesen weisen auf LRS hin

- Verdrehen von Buchstaben im Wort
- Umstellen von Buchstaben im Wort
- Auslassen von Buchstaben
- Einfügen von falschen Buchstaben
- Fehler in der Groß- und Kleinschreibung
- Dehnungsfehler
- Wahrnehmungsfehler
- „lautliches“ Schreiben
- Wortverstümmelungen
- Fehlerinkonstanz

Der Auszug aus einem Schülertext zeigt Ihnen, dass LRS nicht nur Auswirkungen auf die Orthografie hat, sondern auch mit einer eingeschränkten Motorik einhergeht.

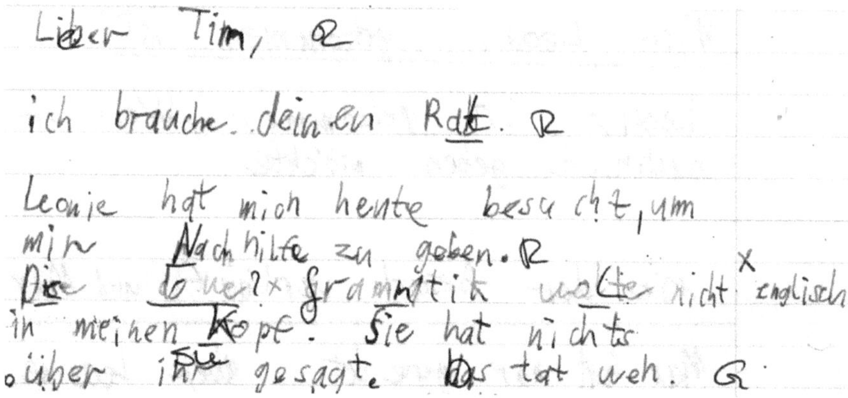

Liber Tim,

ich brauche deinen Rat.

Leonie hat mich heute besucht, um mir Nachhilfe zu geben. Die [illegible] Gramatik wolte nicht englisch in meinen Kopf. Sie hat nichts über ihr gesagt. Das tat weh.

Wichtig: Dies sind ausschließlich Tipps, mit denen Sie Ihren Verdacht auf das Vorliegen einer Legasthenie erhärten können. Da sich hinter diesen Schwierigkeiten viele verschiedene Ursachen verbergen können, kann man mit diesen Kriterien keine Diagnose stellen. Allerdings können Sie mit den Eltern anhand dieser Auffälligkeiten die Dringlichkeit einer umfassenden Diagnostik besprechen!

Legasthenie hat Auswirkungen auf alle Fächer, besonders auf die Sprachfächer. Beim Erlernen von Fremdsprachen gibt es für Legastheniker wieder neue Probleme, denn es müssen neue Zuordnungen zwischen Gehörtem (Laut), Geschriebenem (Wortbild) und der deutschen Bedeutung gelernt werden. Wichtig sind hilfreiche Lerntechniken, die der unterschiedlichen Schreib- und Sprechweise gerecht werden.

Wenn also ein Kind unter einer Legasthenie leidet, dann tut es das fächerübergreifend!

Lehrerverhalten

- Machen Sie deutlich, dass die Fähigkeit, richtig zu schreiben, nicht gleichzusetzen ist mit Intelligenz.
- Schaffen Sie eine angstfreie Lernatmosphäre, indem Sie zwar sagen, dass Rechtschreibung wichtig ist, aber das Thema für alle Schülerinnen und Schüler entdramatisieren.

- Lassen Sie Kinder mit Legasthenie nur freiwillig vorlesen oder an die Tafel gehen. Solche Situationen sind für Legastheniker sehr belastend, sie fühlen sich schnell vorgeführt.
- Lassen Sie das Kind ungestört schreiben und korrigieren Sie während des Schreibens keine Fehler. Das verunsichert das Kind.
- Geben Sie dem Kind Gelegenheit, in der Klasse für sich zu lesen.
- Ermutigen Sie das Kind, in seiner Freizeit zu lesen, in dem Sie z. B. für ein Lesetagebuch eine Belohnung in Aussicht stellen.
- Sprechen Sie sich mit Ihren Fachkollegen ab und machen Sie deutlich, dass Legasthenie alle Fächer betrifft.
- Gehen Sie gelassen damit um, falls Ihnen selbst z. B. beim Tafelanschrieb ein Rechtschreibfehler unterläuft, um das Thema „Rechtschreibung“ zu entdramatisieren.
- Loben Sie das Kind für Lernfortschritte, auch wenn diese noch so klein sind.
- Machen Sie sich bewusst, dass es sich um eine Entwicklungsverzögerung handelt. Daher lernt das betroffene Kind nicht besser lesen oder schreiben, indem man ihm Diktate vorgibt.
- Ebenso wird eine reine Nachhilfe dem Kind nicht dabei helfen, besser Lesen und Schreiben zu lernen.
- Informieren Sie die Eltern daher über geeignete Fördermaßnahmen wie z. B. das Programm „Marburger Rechtschreibtraining“.
- Möchten die Eltern eine gezielte Förderung, sollten Sie darauf achten, dass es sich um sogenannte „Lerntherapeuten“ handelt.

Unterrichtsablauf

- Setzen Sie gemeinsam mit dem Kind Lernziele fest.
- Geben Sie dem Kind genügend Zeit, um Aufgaben zu erledigen.
- Das Kind sollte die Möglichkeit bekommen, sich nach längeren Schreib- oder Lesephasen zu erholen und / oder zu bewegen.

Möglichkeiten für das Lesetraining

Kinder und Jugendliche mit Legasthenie haben häufig Probleme, Laute und Buchstaben einander zuzuordnen und Wörter zusammenzuziehen. Das führt dazu, dass sie beim Lesen Schwierigkeiten haben. Besonders lautes Vorlesen bereitet ihnen Probleme. Sie zögern hier lange, verrutschen in der Textzeile und haben eine undeutliche Aussprache.

Mit Hilfe eines Lesepfeils, den sie selbst nach ihrem Geschmack gestalten können, gelingt es betroffenen Schülerinnen und Schülern besser, die Textzeile zu halten und einzelne Wörter oder Satzteile zu fokussieren (siehe Kopiervorlage 7).

Das Lesetempo von Betroffenen ist langsam und stockend. Während des Lesens lassen sie Wörter aus, verdrehen sie, ersetzen sie durch andere Wörter oder fügen neue Wörter hinzu. Entscheidend ist aber, dass sie kaum in der Lage sind, den Inhalt des Gelesenen wiederzugeben.

Drei erprobte Lesetrainings für LRS-Schüler

Die folgenden drei Tabellen nach ROSEBROCK und FIX (2013) geben Ihnen Anregungen zur Gestaltung eines Lesetrainings:

Lautleseverfahren	
Zielsetzung	Verbesserung der Leseflüssigkeit (schnelle, flüssige und automatisierte Fähigkeit zur leisen und zur lauten Textlektüre ebenso wie sinngemäße Betonung)
Adressaten	schwache und schwächste Leser, die hierarchieniedrige Leseleistungen noch nicht automatisiert haben
Formen	*Wiederholtes Vorlesen:* Schüler lesen einem Tutor einen für sie mittelschweren Text so lange vor, bis sie ihn richtig dekodieren können. Durch das wiederholte Vorlesen prägen sich Buchstaben- und Wortkombinationen ein. Die Wörter werden nun erkannt statt mühsam erlesen. *Begleitendes Vorlesen:* Lernen am Modell, Wirkung eines kompetenteren Lesemodells. Aus guten und weniger guten Lesern werden Paare gebildet, die sich gegenseitig abwechselnd Textstellen aus einem Text vorlesen.
Variationen	*Lautlese-Tandems:* Der sportliche Charakter wird hier betont. Tandems bestehen aus Coach und Lernenden, nehmen an Lesemeisterschaften teil. Verschiedene Trainingsetappen müssen erreicht werden.
Effektivität	positive Effekte auf Leseflüssigkeit; Textverstehen wird verbessert

Lesestrategien	
Zielsetzung	Verbesserung der Leseverstehensleistung
Adressaten	Schüler, die zwar flüssig lesen, aber Textinhalte nicht wiedergeben können
Formen	*5-Schritt-Lesemethode (funktioniert, wenn alle Schritte eingehalten werden):* • überfliegen • Fragen stellen • lesen • zusammenfassen • wiederholen

	Textdetektive nach GOLD *et al.:* • Überschrift beachten • sich etwas bildlich vorstellen • Umgang mit Textschwierigkeiten • prüfen, ob alles verstanden wurde • Wichtiges unterstreichen • Wichtiges zusammenfassen • prüfen, ob Hauptgedanken erinnert werden *Reziprokes Lehren und Lernen nach* PALINCSAR *und* BROWN*:* • einen Textabschnitt zusammenfassen • Fragen an den jeweiligen Textabschnitt stellen • Wortbedeutungen und schwierige Textstellen klären • Vorhersagen treffen, worum es im nächsten Textabschnitt geht Kleingruppen (vier bis sechs Schüler) bilden. Ein Text wird in Abschnitte entsprechend der Anzahl der Schüler geteilt. In jedem Abschnitt übernimmt ein Schüler die Lehrerrolle und moderiert laut denkend die Anwendung der genannten Lesestrategien.
Effektivität	positive Effekte, wenn die Strategien nicht losgelöst vom Textgegenstand angewendet und oft wiederholt werden.
Vielleseverfahren	
Zielsetzung	Steigerung der Leseleistung und der Lesemotivation
Adressaten	Schülerinnen und Schüler, die keine gewohnheitsmäßige Lesehaltung entwickeln konnten. Für sie ist Lesen keine Selbstverständlichkeit, sondern bedeutet Anstrengung. Sie sollen positive Erfahrungen mit dem Medium Buch sammeln und an interessante Lesestoffe herangeführt werden.
Formen	Jede Schülerin und jeder Schüler muss in einer festgelegten Lesezeit in einem Buch ihrer Wahl lesen. Die Lehrkraft liest in dieser Zeit auch, um ein Vorbild zu sein. Sie steht für Nachfragen zur Verfügung. Hier wird der Effekt erhofft, dass sich durch die Erhöhung des Lesepensums auch die Lesekompetenz erhöht. Motivierend kann hierbei ein Lesepass wirken. Die Schülerinnen und Schüler können die gelesenen Titel sowie Datum und Lesezeit in Minuten eintragen, um für sich und andere festzuhalten, wie lange und wie viele Bücher sie gelesen haben (siehe Kopiervorlage 8). Zusätzlich kann man das gelesene Buch auch bewerten (siehe Kopiervorlage 9).
Effektivität	Es gibt keine eindeutigen empirischen Belege für den Erfolg. Erwünschte Effekte wurden bei schwachen Lesern nicht erzielt. Wahrscheinlich wirkt das Verfahren nicht als einzelne Maßnahme, sondern im Verbund mit anderen Verfahren.

Leseförderung durch Hörbücher

Hörbücher werden im Deutschunterricht bisher allein im Literaturunterricht eingesetzt. Dabei bietet sich das Hörbuch auch an, um die Leseflüssigkeit bei schwachen und schwächsten Schülerinnen und Schülern zu trainieren, indem sie simultan einen Text lesen und ihn als Hörbuch hören. Dies konnte in einer Studie von Gailberger (2011) nachgewiesen werden.

Schülerinnen und Schüler können in der Regel einem Hörbuchtext gut folgen und erhalten gleichzeitig Orientierung im Hinblick auf Betonung des Textes und Lesegeschwindigkeit. Die Kombination aus Text und Hörbuch ermöglicht den Schülerinnen und Schülern zudem ein individuelles Üben sowohl in der Schule als auch zu Hause. Neben der Lesekompetenz fördert dieser Ansatz auch die literarische Kompetenz von Schülerinnen und Schülern, die bisher keine gewohnheitsmäßige Lesehaltung ausbilden konnten.

Möglichkeiten für das Schreibtraining

Trainings zur Verbesserung der Rechtschreibleistung

Auch zur Verbesserung der Rechtschreibleistung liegen verschiedene Konzepte und Trainings vor. Zwei von ihnen werden hier exemplarisch vorgestellt.

1. Marburger Rechtschreibtraining

Das Marburger Rechtschreibtraining nach Schulte-Körne und Mathwig hat sich als ein wissenschaftlich erprobtes Verfahren etabliert. Ziel des Trainings ist die Vermittlung von Lösungsstrategien. Den rechtschreibschwachen Schülern stehen solche Lösungswege, die nicht-rechtschreibschwache Schüler anwenden, nicht zur Verfügung. Daher werden in diesem Training neue Lösungsstrategien angeboten.

Um diese neuen Strategien anwenden zu können, wurden spezielle Rechtschreib-Algorithmen entwickelt. Anhand dieser Algorithmen gelangen die Kinder Schritt für Schritt zur richtigen Rechtschreibung. Dies soll durch direkte Instruktion durch den Übungsleiter, durch gemeinsames Erarbeiten der Lern- und Übungsbereiche, durch den stufenweisen Aufbau der Lernschritte und durch regelmäßige Wiederholungen erreicht werden.

Das Training orientiert sich somit in erster Linie an den „Symptomen“ und ist in der Anwendung sowohl für Eltern als auch für Lehrer und Legasthenie-Therapeuten gedacht.

2. Freiburger Rechtschreibschule (FRESCH)

Weniger bekannt und auch weniger evaluiert ist die Freiburger Rechtschreibschule (FRESCH). Ihre Entwickler Michel und Renk haben vier

Rechtschreibstrategien erarbeitet: Schwingen, Weiterschwingen, Ableiten und Merken. Durch die Reduzierung auf vier Strategien behalten die Schülerinnen und Schüler den Überblick, im Gegensatz zum traditionellen Rechtschreibunterricht, der allein auf Regeln basiert, und gleichzeitig gibt ihnen die einfache Anwendung Sicherheit.

Nach FRESCH wird das Lernen über die Eingangskanäle Bewegung, Hören und Sprechen praktiziert, damit werden verschiedene Verarbeitungs- und Lösungsstrategien gefördert und Defizite ausgeglichen. Die Lernenden führen immer zwei Tätigkeiten aus: Sprechen und Bewegen, Sprechen und Schreiben, Sprechen und Silbenbögen ziehen.

Ziel ist es, dass Schülerinnen und Schüler mit Legasthenie die Strategien verankern, ihre Rechtschreibsicherheit zunimmt und sich die Struktur von Sprache und Schrift erschließen. Dieses Programm ist vorwiegend zur Verwendung in der Schule gedacht.

Hilfen im Leistungsbereich

- Für Klassenarbeiten gibt es mit dem Computer geschriebene, übersichtliche Arbeitsblätter, die Arbeitsanweisungen werden vorgelesen.
- Die Korrekturen sollten dezent sein (kein „rotes Blatt"), die Bemerkungen anerkennend und ermutigend. Verabreden Sie mit dem Kind einen Fehlerschwerpunkt (z. B. Großschreibung), den Sie ausschließlich anstreichen. Dies muss mit Kollegen, dem Schüler und den Eltern vorab besprochen werden.
- Hilfreich kann es auch sein, wenn alle Kinder der Klasse bei einer Klassenarbeit ein Wort, bei dessen Schreibung sie sich unsicher sind, grün markieren dürfen und dieses Wort dann nicht mehr als Fehler gewertet wird. Kinder mit Legasthenie werden dadurch entlastet.

Hilfen bei den Hausaufgaben

Geben Sie dem Kind Aufgaben, die es auch erfüllen kann. Bis zum nächsten Tag drei Seiten zu lesen stellt für Kinder mit Lese-Rechtschreib-Schwäche eine Überforderung dar.

Regelungen in den einzelnen Bundesländern

Die Tabelle am Ende dieses Kapitels (Seite 103 bis 107) gibt Ihnen eine Übersicht über die Legasthenie-Erlasse der einzelnen Bundesländer.

Achtung: Sollte sich aufgrund der Legasthenie eine psychisch relevante Störung entwickeln wie z. B. eine Depression können die Eltern mit einem entsprechenden Gutachten bei dem Jugendamt über §35 a eine finanzielle Unterstützung für die Förderung beantragen. Ob diesem stattgegeben wird, unterliegt der Entscheidung der Ämter.

Für eine Beantragung der Kostenübernahme durch §35 a Abs. 1a SGB VIII (Kinder- und Jugendhilfe) weitet der Gesetzgeber den Kreis der Gutachter aus:

Hinsichtlich der Abweichung der seelischen Gesundheit nach Absatz 1 Satz 1 Nr. 1 hat der Träger der öffentlichen Jugendhilfe die Stellungnahme
1. *eines Arztes für Kinder- und Jugendpsychiatrie und -psychotherapie,*
2. *eines Kinder- und Jugendpsychotherapeuten oder*
3. *eines Arztes oder eines psychologischen Psychotherapeuten, der über besondere Erfahrungen auf dem Gebiet seelischer Störungen bei Kindern und Jugendlichen verfügt, einzuholen.* (SGB VIII)

Die Stellungnahme ist auf der Grundlage der Internationalen Klassifikation der Krankheiten in der vom Deutschen Institut für medizinische Dokumentation und Information herausgegebenen deutschen Fassung zu erstellen. Dabei ist auch darzulegen, ob die Abweichung Krankheitswert hat oder auf einer Krankheit beruht. Die Hilfe soll nicht von der Person oder dem Dienst oder der Einrichtung, der die Person angehört, die die Stellungnahme abgibt, erbracht werden.

Beratungsangebote

- Schulpsychologische Beratungsstelle
- Sozialpädiatrisches Zentrum (SPZ)
- Kinder- und jugendpsychiatrische Ambulanzen
- Niedergelassene Kinder- und Jugendlichenpsychotherapeuten
- Niedergelassene Kinder- und Jugendlichenpsychiater

www bvl-legasthenie.de

Bundesverband Legasthenie und Dyskalkulie e. V.
c/o EZB Bonn
Postfach 201338
53143 Bonn

Literaturtipps

BAUR, RUPPRECHT S. / SPETTMANN, MELANIE (2008): Screening – Diagnose – Förderung: Der C-Test im Bereich DaZ. In: ARENHOLZ, BERNT (Hrsg.): Deutsch als Zweitsprache – Voraussetzungen und Konzepte für die Förderung von Kindern und Jugendlichen mit Migrationshintergrund. Fillibach: Freiburg

BIRKEL, PETER (2007): WRT 1-4: Weingartener Grundwortschatz Rechtschreibtest für 1.-4. Klassen. Hogrefe: Göttingen

BULHELLER, STEPHAN / IBRAHIMOVIC, NEDINA / HÄCKER, H. O. (2012): RST-NNR: Rechtschreibtest – Neue Rechtschreibregelung. Hogrefe: Göttingen

GAILBERGER, STEFFEN (2011): Lesen durch Hören: Leseförderung in der Sek. I mit Hörbüchern und neuen Lesestrategien. Beltz: Weinheim

GRUND, MARTIN / HANG, GERHARD / NAUMANN, CARL LUDWIG (2003): DRT 5: Diagnostischer Rechtschreibtest für 5. Klassen. Beltz: Weinheim

KLICPERA, CHRISTIAN / GASTEIGER-KLICPERA, BARBARA (1993): Lesen und Schreiben: Entwicklung und Schwierigkeiten. Huber: Bern

MICHEL, HANS-JOACHIM (Hrsg.) (2013): FRESCH Freiburger Rechtschreibschule: Grundlagen, Diagnosemöglichkeiten, praktische Übungen zum Thema LRS. Persen Verlag: Hamburg

RIEDER, OSKAR (1992): RST 6 / 7: Rechtschreibtest für 6. und 7. Klassen. Beltz: Weinheim

ROSEBROCK, CORNELIA / NIX, DANIEL (2013): Grundlagen der Lesedidaktik und der systematischen schulischen Leseförderung. Schneider Hohengehren: Baltmannsweiler

SCHULTE-KÖRNE, GERD / MATHWIG, FRANK (2013): Das Marburger Rechtschreibtraining. Winkler: Bochum

SUCHODOLETZ, WALDEMAR VON (Hrsg.) (2003): Therapie der Lese-Rechtschreib-Störung (LRS). Traditionelle und alternative Methoden im Überblick. Kohlhammer Verlag: Stuttgart

B: Dyskalkulie (Rechenstörung) Definition, Symptome, Häufigkeit

Die Rechenstörung ist definiert als „umschriebene Beeinträchtigung von Rechenfertigkeiten, die nicht allein durch eine allgemeine Intelligenzminderung oder eine eindeutig unangemessene Beschulung erklärbar ist" (Remschmidt et al. 2009, 297 ff.). Dies meint, dass die Störung aufgrund von Beeinträchtigungen in zentralnervösen Reifungsprozessen entsteht und somit die Informationsverarbeitung im Gehirn behindert.

Vorwiegend defizitär sind die Grundrechenarten Addition, Subtraktion, Multiplikation und Division, weniger die weiterführenden Fertigkeiten, die für Algebra, Geometrie oder Integralrechnung benötigt werden. Häufig finden sich auch Beeinträchtigungen im Verständnis von arithmetischen Prozeduren und Rechenoperationen bzw. der ihnen zugrunde liegenden Konzepte (mehr / weniger, ein Vielfaches, Teil / Ganzes).

Auch fällt es den Betroffenen schwer, Einschätzungen von Mengen vorzunehmen, grob zu überschlagen, ob das Wechselgeld stimmt, und Entfernungen abzuschätzen. Auch das Schätzen von Rechenergebnissen gelingt nicht, da häufig nicht über eine altersentsprechende Zahlenraumvorstellung verfügt wird. Zählprinzipien und der Erwerb des arabischen Notationssystems sind ebenfalls beeinträchtigt, deshalb fällt es den Betroffenen z. B. auch schwer, gesprochene Zahlen in das arabische Notationssystem zu transkribieren.

Die Häufigkeitsangaben in der Literatur schwanken. Schätzungsweise sind im deutschsprachigen Raum zwischen 4,4 und 6,7 Prozent der Kinder und Jugendlichen betroffen.

Ursachen

Als ursächlich für Rechenstörungen gelten erblich und frühkindlich bedingte Hirnfunktionsstörungen. Vermutet wird auch ein Zusammenhang mit ungünstigen psychologischen, soziokulturellen und schulischen Faktoren.

Diagnostik

Die Leitlinien der Deutschen Gesellschaft für Kinder- und Jugendpsychiatrie, Psychosomatik und Psychotherapie (2007) sehen für die Diagnostik eine umfassende Untersuchung vor. Dazu gehören

- die Exploration der Gesamtsymptomatik (Schulnoten, Art der Fehler, Leistungsdiskrepanzen),
- die Entwicklungsanamnese (familiärer und schulischer Hintergrund),

- die Erforschung der psychischen Belastung und
- die Einbeziehung psychometrischer Testergebnisse (umfassende Intelligenzdiagnostik, neuropsychologische Basisfunktionen, Rechen- und Zahlenverarbeitungsfertigkeiten).

Mit Hilfe der „Neuropsychologischen Testbatterie für Zahlenverarbeitung und Rechnen bei Kindern" (ZAREKI, Aster 2001) kann zum einen eine Diagnosestellung erfolgen, zum anderen erlangt man Hinweise auf die Fehlerschwerpunkte, was wiederum zu gezielteren Fördermaßnahmen führen kann.

Unterformen der Rechenstörung

Anhand von Forschungsergebnissen mit Hilfe der ZAREKI konnten drei Unterformen von Rechenstörungen (Aster 2000; 2001) ermittelt werden, die eher zum Verständnis dienen, als in der Reinform in der Realität so klar abzugrenzen wären:

- **tiefgreifender Subtyp:** Bei diesen Kindern fanden sich erhebliche Schwierigkeiten in fast allen überprüften numerischen Fertigkeiten.
  Es wird angenommen, dass diese Kinder aufgrund genetischer Faktoren oder frühkindlicher Hirnreifungsverzögerungen keine ausreichenden vorsprachlichen numerischen Fertigkeiten entwickeln. Ohne diese kann der Sinn von Zahlwörtern oder arithmetischen Konzepten nicht verstanden werden.
- **sprachlicher Subtyp:** Diese Kinder zeigten signifikante Schwierigkeiten beim Kopfrechnen (Addition, Subtraktion) sowie beim Abzählen von Mengen und beim Rückwärtszählen.
  Häufig ist diese Störung gepaart mit Aufmerksamkeitsstörungen oder Sprachentwicklungsverzögerungen.
- **arabischer Subtyp:** Diese Kinder zeigten hauptsächlich Schwierigkeiten beim Übertragen von Zahlen in die arabische Kodierung.

Eltern

Für Eltern mit einem Kind, das Dyskalkulie hat, gelten die gleichen Hinweise wie für Eltern, bei deren Kind eine Legasthenie diagnostiziert wurde.

Auch hier sollten Eltern ihrem Kind mit Verständnis und Unterstützung begegnen, um einem negativen Selbstbild des betroffenen Kindes entgegenzuwirken. Sie sollten darauf hingewiesen werden, dass sie zwar mit dem Kind Rechnen üben können, dies aber für beide Seiten nicht in Stress ausarten darf. Rechnen üben sollte weder als Druckmittel noch als Strafe eingesetzt werden. Außerdem sollte es Tage geben, die rechenfrei bleiben, um das Kind nicht zu überlasten.

Ebenso ist die Schule gefragt, mit den Eltern in einen engen Kontakt zu treten und Sonderregelungen bezüglich der Hausaufgaben u. ä. zu schaffen, um dem Kind Entlastung zu bieten. Für das Elterngespräch finden Sie einen Protokollbogen als Kopiervorlage (KV 10).

Umgang im Unterricht

Lehrerverhalten

- Machen Sie deutlich, dass die Fähigkeit, richtig zu rechnen, nicht gleichzusetzen ist mit Intelligenz.
- Schaffen Sie eine angstfreie Lernatmosphäre, indem Sie zwar sagen, dass Rechnen wichtig ist, aber das Thema für alle Schülerinnen und Schüler entdramatisieren.
- Lassen Sie Kinder mit Dyskalkulie nur freiwillig an der Tafel Aufgaben vorrechnen. Solche Situationen sind für Kinder mit Dyskalkulie sehr belastend, sie fühlen sich schnell vorgeführt.
- Loben Sie das Kind für Lernfortschritte, auch wenn diese noch so klein sind.
- Verbalisieren Sie im Unterricht Rechenwege laut, um sie dem Kind deutlich zu machen.
- Motivieren Sie das betroffene Kind, z. B. mit Hilfe von Computerprogrammen, Grundrechenarten zu wiederholen und zu festigen.
- Geben Sie dem betroffenen Kind im Unterricht Aufgaben, die es bewältigen kann, um Versagensängste zu vermeiden.
- Versuchen Sie, Aufgabenstellungen durch Bilder, Zeichnungen oder Gegenstände zu veranschaulichen und damit für das betroffene Kind weniger abstrakt zu machen.

Unterrichtsablauf

- Setzen Sie gemeinsam mit dem Kind Lernziele fest.
- Geben Sie dem Kind genügend Zeit, um Aufgaben zu erledigen.
- Das Kind sollte die Möglichkeit bekommen, sich nach längeren Rechenphasen zu erholen und / oder zu bewegen.
- Hängen Sie im Klassenraum visualisierte Hilfsmittel auf wie z. B. einen Zahlenstrahl oder Lernplakate mit den einzelnen Grundrechenarten.

Möglichkeiten zur Förderung im Unterricht

Pauschale Trainings, die auf die Verbesserung von Wahrnehmung, Sprache oder Psychomotorik abzielen, helfen nicht. Nach der differenzierten Diagnostik, die die Hauptschwierigkeiten des betroffenen Kindes offenlegt, müssen die Testbefunde mit den Eltern und ihrem Kind ausführlich und in Ruhe besprochen werden.

Ein umfassendes Grundlagenwerk, das Hilfestellungen für Therapie und Förderung gibt, ist:

- LORENZ, JENS HOLGER / RADATZ, HENDRIK (1993): Handbuch des Förderns im Mathematikunterricht. Schroedel: Hannover

Ein didaktisches Programm zur Mathematikförderung im Unterricht finden Sie in diesen beiden Büchern (beide Cornelsen: Berlin):

- LORENZ, JENS HOLGER (2003): Lernschwache Rechner fördern. Ursachen, Frühhinweise, diagnostisches Vorgehen
- WEJDA, SIMONE (2004): Rechenschwäche – der Kampf mit den Zahlen. Hilfen bei Dyskalkulie

Förderung sollte am besten im Regelunterricht stattfinden. Ein Nachteilsausgleich ist sinnvoll.

Hilfen im Leistungsbereich

- Für Klassenarbeiten gibt es mit dem Computer geschriebene, übersichtliche Arbeitsblätter.
- Ersetzen Sie einen Teil der Klassenarbeit durch Aufgaben mit Rechenoperationen, die vom betroffenen Kind zu bewältigen sind und für die es vor der Klassenarbeit speziell geübt hat.
- Hilfreich kann es auch sein, wenn Sie auf dem Arbeitsblatt Aufgaben durch entsprechende Visualisierungen unterstützen.

Hilfen bei den Hausaufgaben

- Geben Sie dem Kind Aufgaben, die es auch erfüllen kann.
- Geben Sie ihm, wenn das Kind es einfordert, zusätzliche Aufgaben.

Regelungen in den einzelnen Bundesländern

Die Tabelle am Ende dieses Kapitels (Seite 107 bis 110) gibt Ihnen eine Übersicht über die Dyskalkulie-Erlasse der einzelnen Bundesländer.

Anders als bei Lese-Rechtschreib-Schwäche und Legasthenie sind Nachteilsausgleiche in vielen Bundesländern noch nicht vorgesehen.

Da Dyskalkulie eine Teilleistungsstörung ist, muss sie, wie auch die Legasthenie, gefördert und im Unterricht berücksichtigt werden. In manchen

Bundesländern gibt es bereits die Möglichkeit, einen Nachteilsausgleich zu gewähren und, ebenfalls wie bei der Legasthenie, eine Förderung nach § 35a SGB VIII, mit entsprechender Bescheinigung, über das Jugendamt zu beantragen.

Beratungsangebote

- Schulpsychologische Beratungsstelle
- Sozialpädiatrisches Zentrum (SPZ)
- Kinder- und jugendpsychiatrische Ambulanzen
- Niedergelassene Kinder- und Jugendlichenpsychotherapeuten
- Niedergelassene Kinder- und Jugendlichenpsychiater

www bvl-legasthenie.de

Bundesverband Legasthenie und Dyskalkulie e. V.
c/o EZB Bonn
Postfach 201338
53143 Bonn

Literaturnachweise

Aster, Michael von (2000): Developmental cognitive neuropsychology of number processing and calculation: Varieties of developmental dyscalculia. European Child Adolesc Psychiatry; 9, Suppl 2, Steinkopff Verlag: Heidelberg. 41-58

Aster, Michael von (2001): Neuropsychologische Testbatterie für Zahlenverarbeitung und Rechnen bei Kindern. Manual Lisse: Swets Test Services

Remschmidt, Helmut/Schmidt, Martin/Poustka, Fritz (2009): Multiaxiales Klassifikationsschema für psychische Störungen des Kindes- und Jugendalters nach ICD-10 der WHO. 5., vollständig überarbeitete und erweiterte Auflage. Huber: Bern

Wright, Robert J./Martland, James/Stafford, Ann K./Stanger, Garry (2002): Teaching Number, Advancing children`s skills and strategies. Paul Chapman Publishing: London

Rechtliche Bestimmungen zur Lese-Rechtschreib-Schwäche in den einzelnen Bundesländern

Bundesland	aus dem Jahr	LRS wird festgestellt durch …	als Nachteilsausgleich wird genannt …	als Fördermaßnahmen werden genannt …	ein Notenschutz, d. h. Nichtbewertung der Teilbereiche gilt …	Anerkennung von LRS bis …
Baden-Württemberg	2008	Diagnose durch die Schule, in Einzelfällen schulpsychologischer Dienst	• Ausweitung der Arbeitszeit • technische Hilfsmittel • Entwickeln einer dem individuellen Lernstand angepassten Aufgabenstellung	Förderung im regulären Unterricht und im zusätzlichen Förderunterricht	im Fach Deutsch zurückhaltende Gewichtung der Rechtschreibleistung möglich, Notenschutz in allen anderen Fächern	bis Klasse 6, ab Klasse 7 nur in begründeten Ausnahmefällen
Bayern	1990	Feststellung durch Gutachten von außerschulischen Experten	• Ausweitung der Arbeitszeit • Zulassen von technischen Hilfsmitteln • Vorlesen von Aufgaben	besondere Fördermaßnahmen	von Leistungsnachweisen, die ausschließlich zur Feststellung der Rechtschreibleistung dienen; bei Gutachten von außerschulischen Experten befreit, sonst sind Leistungen schwächer zu gewichten	Fördermaßnahmen bis Klasse 10
Berlin	2006	Feststellung durch die Schule ausreichend, in begründeten Fällen durch außerschulische Experten	• Verlängerung der Bearbeitungszeit, • Bereitstellen oder Zulassen spezieller Arbeitsmittel, • Ersetzen eines Teils der schriftlichen durch mündliche Lernerfolgskontrollen, • Vorlesen von schriftlich gestellten Aufgaben • individuelle Regelungen zum Arbeitsablauf	Förderung in Kleingruppen und temporären Lerngruppen	möglich mit einem entsprechenden Gutachten von außerschulischen Experten	Notenschutz endet mit Klasse 9, in der Oberstufe nur noch eine Verlängerung der Bearbeitungszeit möglich
Brandenburg	2000	Feststellung durch die Schule bis Klasse 6 ausreichend, ab Klasse 7 Gutachten von außerschulischen Experten erforderlich	• Ausweitung der Arbeitszeit • Zulassen von technischen und didaktischen Hilfsmittel • anderer Raum bei Klassenarbeiten	X	schriftliche Aufgabe bis Klasse 6 kann ersetzt werden, Leistungen werden bis Klasse 6 zurückhaltend gewichtet, ab Klasse 7 nur noch mit Gutachten von außerschulischen Experten	X

Bundesland	aus dem Jahr	LRS wird festgestellt durch …	als Nachteilsausgleich wird genannt …	als Fördermaßnahmen werden genannt …	ein Notenschutz, d. h. Nichtbewertung der Teilbereiche gilt …	Anerkennung von LRS bis …
Bremen	2010	Diagnose der Schule ausreichend, in Einzelfällen kann schulpsychologischer Dienst hinzugezogen werden	• Ausweitung der Arbeitszeit • technische Hilfsmittel • Entwickeln einer dem individuellen Lernstand angepassten Aufgabenstellung • Einordnen der schriftlichen und mündlichen Leistung unter dem Aspekt des erreichten Lernstands mit pädagogischer Würdigung	individueller Förderplan, Förderung im regulären Unterricht und im zusätzlichen Förderunterricht	Notenschutz in Sprachfächern bis in Sek II möglich	bis in Sek II möglich
Hamburg	kein Erlass vorhanden	X	X	X	X	X
Hessen	2011	Feststellung durch die Schule ausreichend, in begründeten Fällen durch außerschulische Experten	• Ausweitung der Arbeitszeit bis max. 50% • Zulassen von technischen und didaktischen Hilfsmitteln • Nutzung von methodisch-didaktischen Hilfen wie z. B. größerer Schrift • differenzierte Aufgabenstellung • mündliche statt schriftliche Prüfung, z. B. einen Aufsatz auf Band sprechen • unterrichtsorganisatorische Veränderungen, z. B. Verzicht auf Mitschrift von Tafeltexten • differenzierte Hausaufgabenstellung	Deutschlehrkraft übernimmt Koordination der Fördermaßnahmen, individuelle Förderpläne, Fördermaßnahmen im regulären Unterricht und im zusätzlichen Förderunterricht	zeitweise möglich	bis Ende Sek. I, über Maßnahmen in der Sek. II muss das Staatliche Schulamt unterrichtet werden

Mecklenburg-Vorpommern	2005	von der LRS-Fachlehrkraft, in begründeten Fällen durch außerschulische Experten zu ergänzen	x	Staatliches Schulamt entscheidet über Form und Zeitraum der Förderung	zeitweise möglich	x
Niedersachsen	2005	keine Angabe	• Ausweitung der Arbeitszeit • didaktische und technische Hilfsmittel • Entwickeln einer dem individuellen Lernstand angepassten Aufgabenstellung • Einordnen der schriftlichen und mündlichen Leistung unter dem Aspekt des erreichten Lernstands mit pädagogischer Würdigung	Förderung im Regelunterricht und zusätzlicher Förderunterricht	zeitweise möglich	keine konkrete Angabe, allerdings ist in der Berufsschule noch Förderung möglich
Nordrhein-Westfalen	1991	Feststellung durch die Schule, in Einzelfällen Experten hinzuziehen	• Ausweitung der Arbeitszeit • angepasste Aufgabenstellung	Förderung im Regelunterricht und zusätzlicher Förderunterricht	Die Rechtschreibleistungen werden nicht in die Beurteilung der schriftlichen Arbeiten und Übungen im Fach Deutsch oder in einem anderem Fach mit einbezogen.	In besonders begründeten Einzelfällen bis Klasse 10
Rheinland-Pfalz	2009	keine konkrete Aussage über Zuständigkeiten für die Feststellung	• Ausweitung der Arbeitszeit • Zulassen von technischen und didaktischen Hilfsmitteln	Deutschlehrkraft übernimmt Koordination der Fördermaßnahmen, individueller Förderplan, Fördermaßnahmen im regulären Unterricht und im zusätzlichen Förderunterricht	zeitweise möglich	X

Bundesland	aus dem Jahr	LRS wird festgestellt durch …	als Nachteilsausgleich wird genannt …	als Fördermaßnahmen werden genannt …	ein Notenschutz, d. h. Nichtbewertung der Teilbereiche gilt …	Anerkennung von LRS bis …
Saarland	2009	von der Deutschlehrkraft, in begründeten Fällen durch außerschulische Experten zu ergänzen	• Ausweitung der Arbeitszeit bis max. 50% • Zulassen von technischen und didaktischen Hilfsmitteln • Nutzung von methodisch-didaktischen Hilfen wie z. B. größerer Schrift	individueller Förderplan, Förderung im regulären Unterricht und im zusätzlichen Förderunterricht, Förderung wird beendet bei kontant „ausreichender“ Leistung	wenn die Anforderungen der Klassenstufe nicht erreicht werden, endet, wenn konstant „ausreichende“ Leistungen erreicht werden	Förderung und Notenschutz gelten bis in Klasse 9
Sachsen	2008	von der Sächsischen Bildungsagentur berufenes Diagnosezentrum	• Ausweitung der Arbeitszeit • Zulassen von technischen Hilfsmitteln wie z. B. PC	Förderung im Regelunterricht und zusätzlicher Förderunterricht, Planung durch LRS-Fachlehrkraft der jeweiligen Schule	bei extrem schlechten Rechtschreibleistungen nach Beschluss der Klassenkonferenz, allerdings nur mit dem Einverständnis der Eltern	Fördermaßnahmen und Notenschutz gelten regulär bis Klasse 5/6, danach nur in begründeten Fällen
Sachsen-Anhalt	2010 kein eigenständiger LRS-Erlass	keine Angabe	• verbale Bewertungen • differenzierte Aufgabenstellungen, in Ausnahmefällen auch bei Klassenarbeiten • Einräumen von mehr Bearbeitungszeit • Gewährung von Hilfsmitteln	keine Angabe	möglich, aber keine genaueren Angaben	Keine Angabe
Schleswig-Holstein	2008	schulische Diagnose durch LRS-Fachlehrkraft ausreichend	• Ausweitung der Arbeitszeit • Zulassen von technischen Hilfsmitteln wie z. B. PC • Vorlesen von Aufgaben • Hilfen beim Abschreiben von Texten	individuelle Förderung soll möglichst im Regelunterricht stattfinden	wenn die Rechtschreibleistungen „mangelhaft“ oder „ungenügend“ sind; wird aufgehoben, wenn die Leistungen konstant „ausreichend“ sind; allerdings Notenschutz nur bis Klasse 10 möglich	in der Oberstufe kann ein Nachteilsausgleich gewährt werden, wenn bereits in der Sek. I dokumentiert

Thüringen	2008	schulische Diagnose ausreichend	X	individueller Förderplan muss erstellt werden	wenn durch schlechte Benotung Leistungsfortschritte verhindert werden; allerdings nur mit Genehmigung des Staatlichen Schulamtes	X

Rechtliche Bestimmungen zur Dyskalkulie in den einzelnen Bundesländern

Bundesland	**aus dem Jahr**	**Dyskalkulie wird festgestellt durch …**	**als Nachteilsausgleich wird genannt …**	**als Fördermaßnahmen werden genannt …**	**ein Notenschutz, d. h. Nichtbewertung der Teilbereiche gilt …**	**Anerkennung von Dyskalkulie bis …**
Baden-Württemberg	2008	Diagnose durch die Schule und in Einzelfällen durch den schulpsychologischen Dienst	• Verlängerte Arbeitszeit • Bereitstellen und Zulassen spezieller technischer und didaktischer Hilfs- und Arbeitsmittel	Förderung im Regelunterricht und zusätzlicher Förderunterricht	kein Notenschutz	auf die Grundschule begrenzt
Bayern	Dyskalkulie wird nicht erwähnt	X	X	X	X	X
Berlin	Dyskalkulie wird nicht erwähnt	X	X	X	X	X
Brandenburg	2000	Feststellung durch die Schule bis Klasse 6 ausreichend, ab Klasse 7 Gutachten von außerschulischen Experten erforderlich	• Ausweitung der Arbeitszeit • Zulassen von technischen und didaktischen Hilfsmitteln • anderer Raum bei Klassenarbeiten	X	kein Notenschutz	X

Bundesland	aus dem Jahr	Dyskalkulie wird festgestellt durch …	als Nachteilsausgleich wird genannt …	als Fördermaßnahmen werden genannt …	ein Notenschutz, d. h. Nichtbewertung der Teilbereiche gilt …	Anerkennung von Dyskalkulie bis …
Bremen	2010	Begleitung durch schulpsychologischen Dienst kann hinzugezogen werden	• verlängerte Arbeitszeiten • Bereitstellen und Zulassen spezieller technischer und didaktischer Hilfs- und Arbeitsmittel • differenzierte Aufgabenstellungen • unterrichtsorganisatorische Veränderungen, z. B. individuell gestaltete Pausenregelungen • individuelle Arbeitsplatzorganisation • individuelle personelle Unterstützung • unterrichtsinhaltliche Veränderungen, z. B. mehr handlungsorientierte Vermittlung von Unterrichtsinhalten, Schaffen von vielfältigen und für das Kind bedeutsamen Zugängen beim Erlernen von mathematischen Kenntnissen • Aufgabenstellungen, die dem augenblicklichen Lernstand des Kindes entsprechen • differenzierte Hausaufgaben	Förderung im regulären Unterricht und im zusätzlichen Förderunterricht	kein Notenschutz	auf die Grundschule begrenzt
Hamburg	Dyskalkulie wird nicht erwähnt	X	X	X	X	X
Hessen	2011	Feststellung durch die Schule ausreichend, in begründeten Fällen durch außerschulische Experten	• Ausweitung der Arbeitszeit bis max. 50% • Zulassen von technischen und didaktischen Hilfsmitteln • Nutzung von methodisch-didaktischen Hilfen wie z. B. größerer	• Mathelehrkraft übernimmt Koordination der Fördermaßnahmen, • individuelle Förderpläne,	zeitweise möglich	bis Ende Sek. I, über Maßnahmen in der Sek. II muss das Staatliche Schulamt

			• differenzierte Aufgabenstellung • mündliche statt schriftliche Prüfung, z. B. einen Aufsatz auf Band sprechen • unterrichtsorganisatorische Veränderungen, z. B. Verzicht auf Mitschrift von Tafeltexten • differenzierte Hausaufgaben	• Fördermaßnahmen im regulären Unterricht und im zusätzlichen Förderunterricht		Schrift unterrichtet werden
Mecklenburg-Vorpommern	2005	von einer Fachlehrkraft, in begründeten Fällen durch außerschulische Experten zu ergänzen	X	Staatliches Schulamt entscheidet über Form und Zeitraum der Förderung	kein Notenschutz	X
Niedersachsen	2005	keine Angabe	• Ausweitung der Arbeitszeit • didaktische und technische Hilfsmittel • Entwickeln einer dem individuellen Lernstand angepassten Aufgabenstellung • Einordnen der schriftlichen und mündlichen Leistung unter dem Aspekt des erreichten Lernstands mit pädagogischer Würdigung	Förderung im Regelunterricht und zusätzlicher Förderunterricht	zeitweise möglich	keine konkrete Angabe, allerdings ist in der Berufsschule noch Förderung möglich
Nordrhein-Westfalen	Dyskalkulie wird nicht erwähnt	X	X	X	X	X
Rheinland-Pfalz	Dyskalkulie wird nicht erwähnt	X	X	X	X	X
Saarland	Dyskalkulie wird nicht erwähnt	X	X	X	X	X

Bundesland	aus dem Jahr	Dyskalkulie wird festgestellt durch …	als Nachteilsausgleich wird genannt …	als Fördermaßnahmen werden genannt …	ein Notenschutz, d. h. Nichtbewertung der Teilbereiche gilt …	Anerkennung von Dyskalkulie bis …
Sachsen	kein eigenständiger Erlass, lediglich „Empfehlungen zur Förderung von Schülern mit besonderen Schwierigkeiten beim Erlernen des Rechnens“ von 2007	X	X	X	X	X
Sachsen-Anhalt	2010 kein eigenständiger Dyskalkulie-Erlass	keine Angabe	• verbale Bewertungen • differenzierte Aufgabenstellungen, in Ausnahmefällen auch bei Klassenarbeiten • Einräumen von mehr Bearbeitungszeit • Gewährung von Hilfsmitteln	keine Angabe	möglich, aber keine genaueren Angaben	keine Angabe
Schleswig-Holstein	2012	schulische Diagnose ausreichend, in Ergänzung schulpsychologischer Dienst	• Ausweitung der Arbeitszeit • Zulassen von technischen Hilfsmitteln wie z. B. PC • Vorlesen von Aufgaben • Hilfen beim Abschreiben von Texten	individuelle Förderung soll möglichst im Regelunterricht stattfinden	kein Notenschutz	bis Ende Sek I
Thüringen	2008	schulische Diagnose ausreichend	X	individueller Förderplan muss erstellt werden	wenn durch schlechte Benotung Leistungsfortschritte verhindert werden, allerdings nur mit Genehmigung des Staatlichen Schulamtes	X

Depression

10

Beispielsituation

Die 13jährige Melina kommt mit ihrer Mutter zu Ihnen in den Elternsprechtag. Ihnen ist aufgefallen, dass Melina sich in den letzten Monaten kaum noch am Unterricht beteiligt und unkonzentriert wirkt. So kennen Sie Melina gar nicht. Sie war bisher eine gute Schülerin. Aber ihre Noten haben sich in allen Fächern derart verschlechtert, dass sie wahrscheinlich die Klasse 7 wiederholen muss. In letzter Zeit hat sie zudem häufig im Unterricht gefehlt.

Während des Gesprächs spricht Melina nur sehr leise und zögerlich und lässt die Mutter häufig für sich antworten. Melina gibt auf Ihre Nachfrage hin an, dass sie sich selbst nichts zutraue. Sie melde sich nicht, da sie Angst habe, das Gesagte sei falsch. Sie könne eh nichts und mache nichts richtig. Sie beschreibt ihre typischen Gedanken so: „Wenn ich z.B. morgens in die Schule gehe, um eine Arbeit zu schreiben, weiß ich, dass ich das Bisschen, was ich gelernt habe, nicht abrufen kann. Ich werde wieder ein Blackout haben. Aber das ist ja klar, weil ich dumm bin und nichts kann. Ich kann so viel lernen, wie ich will, ich werde nie so gut sein wie die anderen".

Melinas Mutter erzählt, dass Melina nur noch wenig Kontakt zu ihren Freundinnen habe, sie ihre Hobbys vernachlässige und sich oft in ihrem Zimmer verkrieche. Sie sei oft lustlos und es fehle ihr der Antrieb. Außerdem leide sie unter Kopf- und Bauchschmerzen, welche ein häufiges Fehlen in der Schule auslösten.

Auf Nachfrage gibt sie an: „Ja, ich habe schon mal darüber nachgedacht, mir etwas anzutun. Dann wäre endlich alles vorbei." (siehe Exkurs Suizidalität am Ende des Kapitels auf S. 115)

Definition, Symptome, Häufigkeit

Die Symptome von kindlichen Depressionen unterscheiden sich sehr deutlich von denen eines Erwachsenen und können je nach Alter des Kindes auch erheblich variieren.

Es gilt folgender Grundsatz: Je kleiner das Kind ist, desto mehr körperliche Symptome weist es auf. Ab dem Schulkindalter treten vermehrt kognitive Symptome auf. Jugendliche zeigen eine höhere Gereiztheit als depressive Erwachsene und neigen mehr zu Schlafstörungen, Appetitlosigkeit und Selbstmordgedanken als depressive Kinder.

Welche Unterschiede gibt es zwischen Kindern und Jugendlichen?

Vergleich der Symptome

Schulkinder:
- thematisieren die eigene Traurigkeit
- haben Selbstmordgedanken
- befürchten, dass sie den eigenen Eltern nicht wichtig sind
- zeigen Leistungseinbußen in der Schule

Jugendliche:
- haben weniger Selbstvertrauen
- sind unkonzentriert, ängstlich und teilweise apathisch
- zeigen schwankende Leistungen in der Schule
- leiden unter Stimmungsschwankungen
- neigen zu psychosomatischen Beschwerden

Bei allen Menschen mit Depressionen treten häufig folgende psychosoziale Begleiterscheinungen auf:

- geringere soziale Kompetenzen und erhöhte zwischenmenschliche Probleme (schlechtere Beziehungen zu Familienangehörigen oder auch zur Peergruppe, geringere Beliebtheit)
- sozialer Rückzug, weniger Freizeitbeschäftigungen und allgemein weniger Aktivität
- reduzierte Leistungsfähigkeit, geringere Konzentration, geringeres Durchhaltevermögen
- Probleme im schulischen Bereich (schlechtere Durchschnittsnoten, häufigere Fehlzeiten, schlechtere Lehrer-Kind-Beziehungen, vorzeitige Schulabbrüche)

Die Häufigkeit einer kindlichen Depression liegt bei etwa fünf Prozent der Kinder. Im Jugendalter hingegen steigt diese Rate auf ca. 20 Prozent an und stellt damit die häufigste und schwerwiegendste psychiatrische Krankheit dar. Studien zur Geschlechterverteilung zeigen, dass im Kindesalter mehr Jungen betroffen sind. Dies wendet sich in der Pubertät: Dann überwiegen erkrankte Mädchen und Frauen.

Zwischen 40 Prozent und 90 Prozent der unbehandelten Depressionen kehren chronisch wieder; in der Regel bis ins Erwachsenenalter.

Ursachen

Die Ursachen für eine Depression sind durch multifaktorielle Störungskonzepte erklärbar. Dies bedeutet, dass es nicht einen *einzigen* Auslöser, sondern immer ein Zusammentreffen verschiedener Faktoren braucht, um eine Depression zu entwickeln.

Es liegt zum einen eine erhebliche genetische, also erbliche Komponente vor (Kinder, die einen depressiven Elternteil haben, werden mit einer Wahrscheinlichkeit von 20 Prozent selbst an einer Depression erkranken; sind beide Elternteile depressiv, erhöht sich die Wahrscheinlichkeit einer Depression beim Kind auf 50 Prozent).

Weitere Faktoren, die das Auftreten einer Depression begünstigen, sind Rezeptor- und/oder Transmitterveränderungen im Gehirn genauso wie neuroendokrinologische Veränderungen.

Die Rezeptor- bzw. Transmitterveränderung bewirkt vermutlich einen Serotonin- und Noradrenalinmangel.

Neuroendokrinologisch wird eine Dysregulation des Systems Hypothalamus-Hypophyse-Nebennierenrinde diskutiert.

Psychologische Erklärungsansätze stützen sich überwiegend auf kognitive Störungskonzepte: Aufgrund oben genannter Veränderungen im Gehirn laufen bei depressiven Patienten automatische negative Gedankenschleifen ab, die wiederum die depressive Symptomatik verstärken. Ein Beispiel solcher automatischer Gedanken liefert folgendes Modell.

Das kognitive Modell der Depression nach Beck

Beispiel für eine gedankliche Abwärtsspirale

Äußerliche Faktoren	Abwärtsspirale	Kind/Jugendlicher
Belastendes Ereignis: Note „ausreichend“ in der Englisch-Klassenarbeit	↓	→ übergeneralisiert: schließt von einer nicht so guten Note generell auf eigene Unfähigkeit im Fach Englisch
situationsbedingte Hinweisreize: Übungsarbeit, die auf die nächste Klassenarbeit vorbereiten soll	↓	→ willkürliches Schließen: Wird eine der Übungsaufgaben nicht gekonnt → Vorahnung, dass nächste Klassenarbeit mit 6 bewertet wird
	↓	→ führt zu kognitiver Triade 1. negatives Selbstbild: Ich kann kein Englisch. 2. negatives Weltbild: Die Englischlehrerin macht die Arbeit absichtlich schwierig. 3. negatives Zukunftsbild: Das wird auch bei einem Lehrerwechsel nicht anders.

	↓	→ Automatisierung negativer Gedanken Ich kann sowieso kein Englisch und werde es nie lernen. Die Lehrerin mag mich nicht. Ich bekomme sowieso keinen Schulabschluss.
	↓	→ depressive Symptome: sich aufgeben, Selbstmordgedanken

Umgang im Unterricht

Sie sollten mit dem betroffenen Schüler oder der betroffenen Schülerin sprechen und signalisieren, dass Sie Verständnis für seine bzw. ihre Situation haben und ihn / sie ernst nehmen.

Auch mit den Eltern sollten Sie im engen Dialog bleiben und sich über aktuelle Entwicklungen informieren lassen.

Lehrerverhalten

- Gehen Sie behutsam mit dem betroffenen Jugendlichen um.
- Machen Sie sich immer wieder klar, dass seine Konzentrationsstörungen nichts mit Verweigerung zu tun haben, sondern krankheitsbedingt sind. Auch Leistungsängste und insbesondere Versagensängste sind typisch.
- Sprechen Sie, nach Einverständnis des betroffenen Jugendlichen, mit der Klasse über seine Situation, um unnötige Konfrontationen zu vermeiden.

Unterrichtsmanagement

Sie brauchen Ihr Unterrichtmanagement nicht zu verändern, da Sie dem betroffenen Jugendlichen darüber keine Hilfestellung geben können.

Unterrichtsablauf

- Machen Sie es möglich, dass der betroffene Jugendliche sich während des Unterrichts eine „Auszeit“ nehmen kann, indem er z. B. allein statt in der Gruppe arbeitet.
- Schaffen Sie Entlastungen im Hinblick auf Leistungen und üben Sie keinen Druck bei schlechten Leistungen aus.

- Sie können Ihren Unterricht nicht auf einen Jugendlichen mit Depressionen „abstimmen“.
- Das Thema „Depression“ sollte nicht komplett aus dem Unterricht verbannt werden. Allerdings sollte es auch nicht in den Mittelpunkt gerückt werden, d. h., es sollten z. B. keine Referate über Arten von Depressionen zur Aufklärung der anderen Schüler in der Klasse gehalten oder literarische Texte zum Thema gelesen werden, auch wenn es gerade im Bereich der Kinder- und Jugendliteratur eine Vielzahl von Büchern gibt, die sich – mehr oder weniger authentisch und sensibel – mit Depressionen auseinandersetzen.

Exkurs Suizidalität

Wenn ein Schüler oder eine Schülerin vor Ihnen oder vor Dritten äußert, dass er oder sie plant, sich das Leben zu nehmen, oder wenn Sie anderweitige Hinweise darauf haben, müssen Sie handeln:

Sprechen Sie direkt und am besten allein mit dem Jugendlichen. Haben Sie dabei keine Scheu, ihn direkt auf das Gehörte anzusprechen. Suizidalität wird nicht durch konkretes Nachfragen ausgelöst!

Falls Sie diese Information über Dritte haben, können Sie z. B. sagen: „Tom, ich habe von Jonas erfahren, dass du gesagt hast, du möchtest dich umbringen (vor den Zug werfen etc.). Deshalb möchte ich mit dir sprechen, weil ich mir Sorgen mache. Was ist los?“

Wenn Tom seine Absicht verneint, holen Sie Jonas zum Gespräch dazu und lassen Sie sich die Information bestätigen. Entlassen Sie Jonas danach wieder.

Gibt Tom Ihnen allerdings konkrete Hinweise, warum, wann oder wie er sich umbringen möchte, ist Gefahr im Verzug. Dies bedeutet:

Benachrichtigen Sie sofort die Eltern des Jugendlichen. Diese müssen ihn umgehend in der zuständigen Ambulanz einer Kinder- und Jugendpsychiatrie vorstellen.

Sind die Eltern nicht zu erreichen, besprechen Sie mit der Schulleitung das weitere Vorgehen. Empfehlung: Informieren Sie die Polizei, denn sie ist in einem solchen Fall Ihr erster Ansprechpartner. Diese entscheidet dann, ob ein begleitender Rettungswagen erforderlich ist.

Hält sich Tom bedeckt, druckst herum oder versichert Ihnen nicht glaubhaft, dass er keine suizidalen Absichten hat, müssen Sie ihm sagen, dass Sie sich nicht ausreichend sicher fühlen, um ihn nach Hause schicken zu können, und oben genannte Wege einleiten.

Sollte Tom das Gespräch mit Ihnen verweigern und die Schule verlassen, benachrichtigen Sie umgehend Eltern und Polizei!

Aus psychiatrischer Perspektive unterscheidet man zwischen latenter Suizidalität, d. h. immer mal wieder kommen Gedanken und Wünsche an den Suizid auf, und akuter Suizidalität, d. h., der Jugendliche hat konkret vor, sich umzubringen. Die Einschätzung hierüber obliegt – auch juristisch – nur Kinder- und Jugendpsychiatern, -therapeuten und ggf. der Polizei. Bei einem unsicheren Gefühl verständigen Sie lieber einmal zu viel Eltern, Kollegen und die Polizei, denn Suizidalität ist im Alter von 14 bis 19 Jahren nach Verkehrsunfällen die zweithäufigste Todesursache. Um Ihnen als Lehrkraft mehr Sicherheit zu geben, wie Sie sich in einer solchen Situation verhalten sollen, können Sie den Notfallplan (Kopiervorlage 11) ausfüllen und an einer für Sie sicheren und zugänglichen Stelle wie z. B. Ihrem Schulplaner verwahren.

Beratungsangebote

WWW *buendnis-depression.de*

- Schulpsychologische Beratungsstelle
- Sozialpädiatrisches Zentrum (SPZ)
- Kinder- und jugendpsychiatrische Ambulanzen
- Niedergelassene Kinder- und Jugendlichenpsychotherapeuten
- Niedergelassene Kinder- und Jugendlichenpsychiater

Literaturtipps

GROEN, GUNTER / IHLE, WOLFGANG / AHLE, MARIA ELISABETH / PETERMANN, FRANZ (2012): Ratgeber Traurigkeit, Rückzug, Depression: Informationen für Betroffene, Eltern, Lehrer und Erzieher. Hogrefe: Göttingen

IHLE, WOLFGANG / GROEN, GUNTER / WALTER, DANIEL / ESSER, GÜNTER (2012): Depression. Hogrefe: Göttingen

NEVERMANN, CHRISTIANE / REICHER, HANNELORE (2009): Depression im Kindes- und Jugendalter. Erkennen, Verstehen, Helfen. 2. Auflage. C. H. Beck: München

Literaturnachweise

PÖSSL, PATRICK (2009): Depressionen / Suizidalität. In: SCHNEIDER, SILVIA / MARGRAF, JÜRGEN (Hrsg.) (2009): Lehrbuch der Verhaltenstherapie. Band 3: Störungen im Kindes- und Jugendalter. Springer: Heidelberg, 663-688

WARNKE, ANDREAS (2008): Suizid und Suizidversuch – Suizidalität. In: HERPERTZ-DAHLMANN, BEATE / RESCH, FRANZ / SCHULTE-MARKWORT, MICHAEL / WARNKE, ANDREAS (Hrsg.) (2008): Entwicklungspsychiatrie. Biopsychologische Grundlagen und die Entwicklung psychischer Störungen. 2. Auflage. Schattauer: Stuttgart, 1006-1023

Angststörungen

Zur Kategorie „Angst" gehören verschiedene Angsterkrankungen. Der Vollständigkeit halber werden sie alle hier genannt. Wir gehen aber nur auf die für den Schulalltag relevanten ein.

- Trennungsangst / Schulphobie
- Agoraphobie
- Soziale Phobien
- Spezifische Phobien (z. B. Prüfungsängste, Höhenangst, Blut-Spritzen-Angst, Flugangst, Tier-Typ)
- Panikstörung
- Generalisierte Angststörung

A: Trennungsangst / Schulphobie

Beispielsituation

Donnerstag, 1. Stunde, Klasse 8b: Bereits beim Betreten des Klassenraums fällt Ihnen auf, dass Simon schon wieder fehlt. Das kommt in letzter Zeit immer häufiger vor. Er hat bereits etliche Fehlstunden. Ein Blick ins Klassenbuch zeigt Ihnen, dass Simon gestern zwar in der Schule war, aber nach der 3. Stunde nach Hause gegangen ist. In der großen Pause rufen Sie bei Simon zu Hause an und erreichen seine Mutter. Sie berichtet Ihnen, dass Simon heute Morgen wieder über starke Bauchschmerzen geklagt und sie ihn deshalb zu Hause gelassen hat.

Definition, Symptome, Häufigkeit

Kinder und Jugendliche mit Trennungsangst vermeiden häufig:

- allein einzuschlafen,
- mit anderen Betreuungspersonen als den Eltern zu Hause zu bleiben,
- tagsüber allein zu Hause zu sein,
- bei Freunden zu schlafen,
- die Schule zu besuchen.

Die Hauptsorge besteht in der **Trennung von wichtigen Bezugspersonen.** Die damit verbundene Angst dauert über einen langen Zeitraum an. Daher werden die Trennungen möglichst vermieden oder nur unter großer Angst ertragen.

Angst vor der Trennung von der Bezugsperson

Häufig berichten diese Kinder und Jugendlichen, Angst zu haben, dass ihnen oder den Bezugspersonen etwas Schlimmes zustoßen könnte. Der Begriff der Trennungsangst bezieht sich auf die Hauptsorge, nämlich von der Bezugsperson getrennt zu sein; er hat nichts mit getrennten Eltern zu tun!

Die Trennungsangst tritt bei ca. drei Prozent der Kinder auf. Sie ist die häufigste Störung im Kindesalter und ein bedeutsamer Risikofaktor für die Entwicklung von Panikstörungen oder anderen psychischen Erkrankungen im Erwachsenenalter.

Ursachen

Spezifische Entstehungskonzepte für Trennungsängste liegen nicht vor. Bestehende Überlegungen können vielmehr auf alle Angststörungen im Kindes- und Jugendalter angewendet werden. Hier gibt es im Grunde zwei wesentliche Ideen:

- Das **integrierte behaviorale Inhibition-Attachment-Modell:**
  Dieses Modell (nach MANASSIS und BRADLEY) besagt, dass sich Angststörungen dann besonders häufig entwickeln, wenn zwei Faktoren aufeinander treffen: Ängstliche Temperamentsfaktoren beim Kind treffen auf eine unsichere Bindung zu den Eltern.
- Das **kognitive Modell von KENDALL und RONAN:**
  Nach diesem Modell besteht beim Kind eine Überaktivierung von Gefahrenschemata, d. h. überproportional viele Situationen werden von dem betroffenen Kind als gefährlich eingeschätzt. Zudem liegen kognitive Verzerrungen und Defizite vor. Daher schätzen Kinder und Jugendliche Gefahren höher ein, sie berichten über mehr katastrophisierende Gedanken, unterschätzen ihre Möglichkeiten, mit schwierigen Situationen umgehen zu können und weisen negative Selbstverbalisation auf (Ich kann das sowieso nicht!).

Eltern

Die Eltern werden je nach Ausprägung der Störung nicht in der Lage sein, das Kind zu einem regelmäßigen Schulbesuch zu bewegen. Sie müssen sich an Fachpersonen wenden. Diese können dann entscheiden, ob bereits eine Therapie notwendig ist oder ob einige Sitzungen zur Schulung von Kind und Eltern noch ausreichend sind.

Vorwiegend geht es in der Behandlung um Konfrontation: Kind und Eltern müssen lernen, wie das Kind trotz der bekannten Schwierigkeiten den Schulbesuch aufnehmen kann.

So sollen die Eltern in der Therapie befähigt werden,

- auf die körperlichen Symptome des Kindes am Morgen nicht einzugehen,
- den Symptomen sachlich und nicht aufgeregt zu begegnen (Arzttermine werden wenn überhaupt nach der Schule vereinbart),
- das Kind aufzufordern, die Schule zu besuchen, eventuell bringen die Eltern das Kind bis zur Schule oder in die Klasse, verlassen diese dann umgehend,
- es dem Kind, falls es überhaupt nicht in die Schule zu bewegen ist, zu Hause unkomfortabel zu machen: kein Fernsehen, Playstation etc.; es muss sich die Hausaufgaben von Mitschülern besorgen und diese am Nachmittag erledigen,
- wenig über den Schulbesuch zu diskutieren.

Umgang im Unterricht

Grundsätzlich gilt, dass Sie im Umgang mit einem betroffenen Schüler an Ihrem Unterricht nichts ändern müssen, da dies keine Auswirkungen auf ihn hätte.

Lehrerverhalten

- Wichtig ist, dass Sie die Übelkeit des betroffenen Schülers oder seine Bauchschmerzen aushalten und nicht auf seine körperlichen Symptome eingehen.
- Sie sollten versuchen, eng mit dem Therapeuten des betroffenen Schülers zusammenzuarbeiten, um genaue Informationen über den Ausprägungsgrad der Symptomatik zu erfahren und um dem Therapeuten Rückmeldung zu geben: Wurde das angestrebte Ziel erreicht? Kommt das Kind zu den vereinbarten Zeiten? Kommt es regelmäßig?
- Sie können das betroffene Kind durch Belohnungen positiv bestärken.
- Lassen Sie sich nicht dazu überreden, dass ein Elternteil ganze Schulstunden oder halbe Vormittage vor oder in der Klasse verbringt.
- Manche Konfrontationen laufen sehr dramatisch ab, manchmal auch direkt vor dem Klassenzimmer. Deshalb sollten Sie gemeinsam mit den Eltern und dem Therapeuten das explizite Vorgehen besprechen.
- Auf die Klasse kann Ihr Vorgehen brutal oder ruppig wirken. Daher sollten Sie – nach Rücksprache mit dem betroffenen Schüler und seinen Eltern – offen über das Thema und Ihr Verhalten reden, um die Mitschüler über Angst und den Umgang damit aufzuklären.

Möglichkeiten, sich dem Thema gemeinsam mit der Klasse sensibel zu nähern, sollen die beiden folgenden Vorschläge zeigen. Besprechen Sie Ihr Vorhaben in jedem Fall vorab mit dem betroffenen Jugendlichen. Sie können auch besprechen, ob Sie ihn namentlich erwähnen und ob er von seiner Angst berichten möchte. Selbst wenn der betroffene Jugendliche dazu bereit ist, sollten Sie entscheiden, ob dies für ihn und für die Klasse sinnvoll ist.

Zwei Vorschläge, um das Thema mit der ganzen Klasse zu besprechen

Vorschlag 1

Lassen Sie die Schülerinnen und Schüler Ihrer Klasse auf Karten aufschreiben, wovor sie Angst haben. Jeder sollte mehrere Karten zur Verfügung haben.
Bilden Sie mit der Klasse einen Stuhlkreis, in dessen Mitte Sie die Karten verteilen. Versuchen Sie gemeinsam mit den Schülerinnen und Schülern, die Ängste zu „ordnen" und Kategorien zu bilden wie z. B. Angst davor, sich vor anderen zu blamieren, Angst vor einer Krankheit etc. Dabei sollten Sie der Klasse deutlich machen, dass Ängste normal sind und uns vor Gefahren schützen.
In einem anschließenden Gespräch können sich die Schülerinnen und Schüler dann darüber austauschen, was man machen kann, wenn man Angst vor etwas hat.

Vorschlag 2

Diskutieren Sie verschiedene Möglichkeiten, der Angst zu begegnen, und stellen Sie gemeinsam mit der Klasse eine Liste zusammen mit Dingen, die Schülerinnen und Schüler machen können, wenn sie Angst haben, wie z. B. Musik hören, malen, sich entspannen, mit jemanden reden etc.
Diese Liste kann auf einem Plakat in der Klasse ausgehängt werden. In kürzeren Zeitabständen kann die Klasse sich gegenseitig darüber informieren, welche Punkte der Liste ihnen am meisten geholfen haben, wenn sie Angst hatten.

B: Soziale Phobie

Beispielsituation

Die 14jährige Johanna bleibt oft dem Unterricht fern; ist sie in der Schule, meldet sie sich nicht, vermeidet Blickkontakt mit Ihnen und fällt auch nie durch Reden mit den Mitschülern negativ auf. Nehmen Sie sie dran, ohne dass sie sich gemeldet hat, verweigert sie die Antwort oder wird rot und verhält sich unsicher.
Im Unterricht wirkt sie häufig abwesend, blickt vor sich hin und versteckt sich hinter ihren Haaren. Was Sie vermutlich nicht bemerken: Johanna leidet unter einer permanenten Angst, in der Schule oder in der Öffentlichkeit erbrechen zu müssen. Dies hat zur Folge, dass sie seit langer Zeit nur sehr ausgewählte Nahrungsmittel zu sich nehmen kann, in der Schule isst sie gar nicht.
Sie ist meist eine der ersten in der Klasse und auch die erste, die nach der Schule am Bus ist. Sie vermeidet es, angesprochen zu werden. Sie bemüht sich sehr, unauffällig zu sein.
Die in dem Fallbeispiel dargestellten Vermeidungstendenzen (nicht in die Schule gehen, keine mündliche Mitarbeit) und das Sicherheitsverhalten (z. B. Haare vor dem Gesicht, kein Blickkontakt zum Lehrer) sind typisch für Patienten mit sozialer Phobie (und kein Ausdruck von Unhöflichkeit!).

Definition, Symptome, Häufigkeit

Die soziale Phobie ist durch eine überdauernde und unangemessene Angst vor sozialen Situationen oder Leistungssituationen gekennzeichnet. Ein häufiges Symptom ist tatsächlich die Angst davor, in der Öffentlichkeit zu erbrechen (hier wirkt vermutlich vor allem der Aspekt des „Im-Mittelpunkt-Stehens“). Außerdem besteht die Angst vor Bewertung, weshalb diese Schüler kaum mündlich mitarbeiten, selten Referate halten und wenn, dann schon Wochen vorher regelrechten „Horror“ davor haben.

Beispiele für typische Angstgedanken bei sozialer Phobie:

- Wenn mich der Lehrer dran nimmt, werde ich etwas Falsches sagen, rot werden, stottern, alle werden mich auslachen.
- Ich kann mich in der Klassenarbeit bestimmt nicht konzentrieren und werde eine schlechte Note schreiben.
- Wenn ich vor der Klasse sprechen muss, wird mir übel und ich muss erbrechen.

Typische körperliche Reaktionen

Typische körperliche Reaktionen, unter denen diese Kinder leiden, sind:

- zittern
- erröten

- starkes Herzklopfen
- schwitzen
- Übelkeit
- Kopf- oder Bauchschmerzen

Sozial ängstliche Kinder verfügen über eine erheblich erhöhte **Selbstaufmerksamkeit.** So neigen sie dazu, in sozialen Situationen oder in Situationen, die im Bewertungskontext stehen (Prüfungen, vor allem mündliche; Referate, Vortrag von Hausaufgaben) sich hauptsächlich um ihre Person zu kümmern, weniger um die Aufgabe an sich. Dies hat zur Folge, dass die Aufgaben schlechter bearbeitet werden.

Unter dieser Erkrankung leiden etwa ein bis drei Prozent der Kinder und fünf bis zehn Prozent der Jugendlichen. Somit zählt sie zu den häufigsten Störungen (Wittchen et al. 1999). Um diese Störung entwickeln zu können, müssen die Kinder bereits in der Lage sein, sich über Bewertungen durch andere bewusst zu sein. Diese Fähigkeit entwickelt sich etwa ab dem achten Lebensjahr.

Die soziale Phobie führt zu deutlichen Entwicklungseinschränkungen im emotionalen und sozialen Bereich. Die Kinder sind ängstlich, ziehen sich zurück, vermeiden Sozialkontakte und haben häufig Angst vor Bewertungen. Bei einem Beginn der Störung vor dem elften Lebensjahr kann mit einer chronischen Störung im Erwachsenenalter gerechnet werden. Außerdem stellt sie einen erheblichen Risikofaktor für die Entwicklung weiterer psychischer Erkrankungen (Essstörungen, Depressionen, andere Angststörungen) dar.

Ursachen

Die Ursachen für die Entwicklung einer sozialen Phobie sind multifaktoriell bedingt. Neben einer biologischen Disposition spielen wahrscheinlich inner- und außerfamiliäre Lernerfahrungen eine Rolle, z. B. die Tatsache, wie sozialkompetent die Eltern sind.

Eltern

Eltern sollten sich möglichst frühzeitig beraten lassen und sich bei Bedarf um eine ambulante Behandlung für das Kind bemühen!

Umgang im Unterricht

Lehrerverhalten

Auch hier gilt, dass Sie Ihren Unterricht nicht grundsätzlich ändern müssen. Aber Sie können den betroffenen Schüler unterstützen, indem Sie angstbesetzte Situationen gut vorbereiten.

- Ermutigen und loben Sie den betroffenen Schüler. Achten Sie aber darauf, dass Ihr Lob nicht mechanisch wird.
- Besprechen Sie mit ihm seine Ängste, wenn er dies zulässt. Als Gesprächsgrundlage kann Ihnen hier das Angstthermometer dienen, mit dessen Hilfe Sie in einem Gespräch feststellen können, welche Situationen angstauslösend sind und welche nicht (siehe Kopiervorlage 12).
- Besprechen Sie mit dem Betroffenen, dass er sich im Unterricht melden soll, wenn er sich der Antwort sicher ist. Nehmen Sie ihn nicht spontan dran.
- Geben Sie Hilfestellung bei Referaten. Vielleicht kann der Betroffene zunächst Hausarbeiten anstelle eines Referates vorbereiten oder Sie lassen ihn das Referat zu zweit vortragen. So können Sie ihn darauf vorbereiten, langfristig auch allein ein Referat zu halten, um das Vermeidungsverhalten aufzuheben.
- Reden Sie in der Klasse darüber, dass auch andere Schülerinnen und Schüler Aufregung und Angst vor Referaten oder längeren mündlichen Beiträgen haben, und regen Sie einen Austausch darüber an, wie andere damit umgehen. Dies kann dem betroffenen Schüler zeigen, dass seine Angst nicht „unnormal" ist. Beziehen Sie sich dabei nicht auf den betroffenen Schüler, sondern halten Sie Ihre Ausführungen allgemein.
- Räumen Sie ihm Möglichkeiten ein, auf anderen Wegen als im Bereich der direkten mündlichen Mitarbeit seine Stärken zu zeigen.
- Erhält der Jugendliche bereits Hilfe in Form von Therapie, können Sie sich mit dem Therapeuten in Verbindung setzen, aber nur, wenn die Eltern und der Jugendliche damit einverstanden sind! Fragen Sie nach, ob und wie Sie die Therapie im Unterricht unterstützen können.
- Vielleicht können Sie den Schüler durch eine geänderte Sitzordnung (nicht in der unmittelbaren Nähe von Störenfrieden) entlasten.
- Sorgen Sie dafür, dass mündliche Mitarbeit in Ihrer Klasse nicht ins Lächerliche gezogen und niemand ausgelacht wird.
- Reflektieren Sie auch Ihre Reaktion auf Schülerantworten: Wie gehen Sie mit Antworten um, die Ihrer Meinung nach nicht zielführend sind?

C: Prüfungsängste

Beispielsituation

In der Grundschule ist Lena immer gut zurechtgekommen, sie erhielt eine Gymnasialempfehlung. Nun befindet sich Lena in Ihrer 6. Klasse. Zunehmend verschlechtern sich ihre Noten. Am Elternsprechtag berichtet die Mutter, Lena lerne viel, sitze ganze Nachmittage in ihrem Zimmer. Aber wenn die Mutter sie abfragen möchte, kann sie nichts von dem Gelernten abrufen. Dies führt häufig zu Streit. Die Mutter wirft Lena vor, sich nicht richtig zu konzentrieren, andere Dinge nebenbei zu machen. Darum hat die Mutter auch schon das Fernsehen, den PC und manchmal auch Verabredungen gestrichen. Lena sieht sehr unglücklich aus, während ihre Mutter erzählt.

Lena selbst berichtet Ihnen, sie habe unheimliche Angst vor Arbeiten, Tests und mündlichen Abfragen. Sie könne schon eine Woche vorher nicht mehr richtig schlafen und sich überhaupt nicht konzentrieren. Das Gelernte behalte sie nicht. In der Arbeit selbst könne sie sich gar nicht auf die Aufgaben konzentrieren, diese würden sogar manchmal vor ihren Augen verschwimmen. Sie bekomme regelrecht Panik, wenn sie den Aufgabenzettel vor sich sehe. Sie könne nur noch daran denken, dass sie es schaffen müsse, sie habe ja viel gelernt, aber wie enttäuscht die Mutter über eine schlechte Note sei.

Außerdem habe sie starkes Herzklopfen und im Kopf sei nur Leere. Das Berichtete erklärt Ihnen die vielen leeren Seiten im Arbeitsheft und die Diskrepanz zwischen schriftlichen und mündlichen Leistungen.

Definition, Symptome, Häufigkeit

Prüfungsangst bedeutet eine wiederkehrende massive Angst vor oder in Leistungssituationen. So zeigt sie sich auf der psychischen und der physiologischen (körperlichen) Ebene vor, während und nach der Prüfung.

Psychisch findet man vor allem:

- *emotional:* innere Unruhe, bedrückte Stimmung
- *kognitiv:* Angstgedanken, die Erwartung von Scheitern; aufgabenbezogenes Denken wird von solchen Gedanken unterbrochen
- *auf der Verhaltensebene:* Beeinträchtigungen der Aufmerksamkeit und Konzentration bis hin zum Blackout

Physisch zeigen sich häufig:

- Bauch- und Kopfschmerzen
- Übelkeit
- Herzklopfen

- Zittern
- gesteigerter Harndrang

Die Prüfungsangst kann das **Vermeiden von Leistungssituationen** bis hin zur Schulvermeidung nach sich ziehen.

Nach SUHR-DACHS, L. und DÖPFNER, M. (2005) liegen derzeit nur ungenaue aktuelle Angaben über die Häufigkeit des Störungsbildes vor. Sicher ist, dass Prüfungsängste stark verbreitet sind.

Ursachen

Auch für dieses Störungsbild gibt es keine einfache Erklärung. Angenommen wird, dass eine ungünstige Interaktion von Kind / Eltern / Schule und dazu spezifische Kind- und Elternfaktoren die Entstehung maßgeblich begünstigen. So findet man bei Kindern mit Prüfungsängsten häufig eine negative Selbstbewertung, einen mangelnden Aufgabenfokus und auch negative situationsübergreifende Kognitionen. Hinzu kommen ineffektive Lernstrategien und eine mangelnde Lernmotivation.

Die Eltern hingegen machen ihre Zuwendung oft von guten Leistungen abhängig bzw. sanktionieren schlechte Lernergebnisse, was das ängstliche Verhalten wiederum verstärkt. So kommen insgesamt kognitive, emotionale und Faktoren der Verhaltensebene zusammen, die das Entstehen einer Prüfungsangst begünstigen bzw. ihr Fortbestehen fördern.

Eltern

Druck auf das Kind ist kontraproduktiv

Es ist sehr wichtig, den Eltern zu vermitteln, dass das Kind nicht faul oder dumm ist, sondern dass es unter einer psychischen Störung leidet, die behandlungsbedürftig ist. Die Eltern neigen leider häufig dazu, vermehrt Druck auf das Kind auszuüben, ihm weitere Lernaufgaben zu geben, das Freizeitprogramm zu streichen und es merken zu lassen, dass sie mit seiner Leistung sehr unzufrieden sind. Dies wiederum führt zu einer Abwärtsspirale: das Kind setzt sich noch mehr unter Druck und wird noch weniger erreichen.

Empfehlen Sie den Eltern eine umfangreiche schulpsychologische Diagnostik, um sicher zu stellen, dass das Kind / der Jugendliche nicht intellektuell überfordert und nicht richtig beschult ist. Des Weiteren müssen Teilleistungsstörungen ausgeschlossen werden.

Auch psychische Begleiterkrankungen wie Depression oder andere Angststörungen müssen abgeklärt werden.

Ist wie in unserem Beispiel sichergestellt, dass die Beschulung stimmt und keine Teilleistungsstörung vorliegt, kann sich die Therapie direkt auf die Prüfungsangst richten.

Umgang im Unterricht

Sie verkörpern als Lehrkraft eine Autoritätsperson. Seien Sie sich dessen bewusst! Studien von TANZER et al. (1993) belegen, dass die von Schülern und Schülerinnen erlebte Prüfungsangst stark von der Lehrerpersönlichkeit, aber auch von der Lehrer-Schüler-Beziehung abhängt.

Lehrerverhalten

- Geben Sie dem betroffenen Schüler schriftliche Ermutigungen, die er sich immer wieder durchlesen kann.
- Ermutigen Sie ihn und bestärken Sie sein Verhalten durch Lob.
- Verwenden Sie individuelle Bezugsnormen statt soziale, d. h. messen Sie den betroffenen Schüler an individuellen Fortschritten und Leistungen, nicht am durchschnittlichen Niveau der Klasse.
- Versuchen Sie den Leistungsdruck in der Klasse gering zu halten und machen Sie auch den anderen Schülern deutlich, dass Klassenarbeiten zwar wichtig sind, sie aber nicht über das Lebensglück eines einzelnen entscheiden.
- Drohen Sie nicht damit, dass eine Klassenarbeit schwieriger wird, um die Klasse zu disziplinieren.
- Versuchen Sie Schülerinnen und Schülern, aber auch deren Eltern deutlich zu machen, dass Klassenarbeiten und Tests kein Grund dafür sein sollten, sich schon zwei Wochen vorher verrückt zu machen.
- Überdenken Sie Ihren eigenen Umgang mit Leistungssituationen und thematisieren Sie dies in der Klasse. Es hilft manchmal zu erfahren, dass auch Lehrerinnen und Lehrer nicht gerne in Prüfungssituationen gesteckt haben bzw. stecken.

Unterrichtsmanagement

- Geben Sie den Schülern eine Übersicht, wann Sie planen, welche Klassenarbeit im Halbjahr zu schreiben.
- Kündigen Sie Tests und Klassenarbeiten mindestens zwei Wochen vorher an und erläutern Sie genau, welche Aufgaben die Schüler zu erwarten haben.

- Geben Sie dem betroffenen Schüler die Gelegenheit, genaue Nachfragen zu stellen oder ermöglichen Sie ein Einzelgespräch vor einer Klassenarbeit.
- Bereiten Sie Klassenarbeiten so vor, dass in der Leistungssituation kein weiterer Stress entsteht, weil z. B. noch ein Arbeitsblatt von Ihnen kopiert werden muss.
- Planen Sie ausreichend Zeit für die Klassenarbeit ein und bereiten Sie Tische, Hefte etc. so vor, dass die Schüler direkt mit der Arbeit beginnen können.
- Lassen Sie die Klasse wenn möglich eine Probearbeit schreiben.

In der Leistungssituation

- Schaffen Sie zu Beginn von Klassenarbeiten eine ruhige Atmosphäre und bauen Sie in der gesamten Klasse Stress ab, in dem Sie z. B. gemeinsam eine Atemübung machen. Ein Beispiel hierfür ist die Wechselatmung, im Yoga auch „Anuloma Viloma" genannt, für das innere Gleichgewicht und die Konzentration (siehe Kopiervorlage 13).
- Verdeutlichen Sie dem betroffenen Schüler, dass es sich zwar um eine Leistungssituation handelt, aber diese für ihn zu schaffen ist. Ungünstig ist es zu betonen, dass die Aufgaben sehr leicht sind. Stellen Sie heraus, dass die Aufgaben zwar eine Herausforderung darstellen, aber die Schülerinnen und Schüler gut auf sie vorbereitet sind.
- Achten Sie besonders während der Klassenarbeit auf den betroffenen Schüler und geben Sie ihm wenn nötig Zeit zum Durchatmen.
- Verbreiten Sie während der Klassenarbeit keine Hektik, indem Sie z. B. nicht im Klassenraum auf und ab laufen oder die Schüler ständig auf die vorangeschrittene Zeit hinweisen.

D: Panikstörung

Beispielsituation

Die 17jährige Isabell überfällt von Zeit zu Zeit die Angst aus heiterem Himmel. Plötzlich fängt sie an zu zittern, bekommt Herzrasen und wird kaltschweißig. Isabell atmet sehr schnell, ihr wird schwindelig und sie hat Angst, ohnmächtig zu werden oder zu sterben. Sie will nur noch raus und verlässt den Raum.

Definition, Symptome, Häufigkeit

Panikattacken setzen plötzlich und situationsungebunden ein, sind somit unvorhersehbar. Sie variieren von Person zu Person, gemeinsam und typisch ist aber ein plötzlicher Beginn mit Herzrasen, Erstickungsgefühlen und Schwindel. Fast immer geht damit die Angst zu sterben oder verrückt zu werden einher. Innerhalb von zehn Minuten erreicht sie ihren Höhepunkt.

In der Regel führt diese Symptomatik zum fluchtartigen Verlassen der Situation und der zukünftigen Vermeidung derselben (tritt eine Panikattacke zum ersten Mal in einem Bus auf, wird die betroffene Person vermutlich das Busfahren in Zukunft unterlassen, wenn es ihr möglich ist).

Die Erkrankung beginnt meist ab dem 15. Lebensjahr; Frauen sind häufiger betroffen, insgesamt sind etwa vier Prozent der Bevölkerung erkrankt. Allerdings entwickeln 30 Prozent aller Menschen im Verlauf ihres Lebens einmal eine Panikattacke. Das heißt noch nicht, dass sich daraus eine Panikstörung entwickelt.

Ursachen

Beispiel für die falsche Zuschreibung von Symptomen anderer Ursachen

Auch bei der Panikstörung findet sich eine familiäre Häufung. Hinzu kommt speziell bei dieser Angststörung, dass die Symptome anderer Ursachen fehlerhaft der Panikstörung zugeschrieben werden.

Beispiel: Isabell hat morgens keine Zeit gehabt, um zu frühstücken, sie trank lediglich einen schnellen Kaffee, bevor sie sich auf den Weg zur Schule machte. Sie stieg in den vollen Bus, in dem schlechte Luft herrschte und sie dicht gedrängt stand.

Körperlich passierte Folgendes: Aufgrund mangelnder Nahrungsaufnahme kam Isabell in einen Zustand von Unterzuckerung. Durch den Kaffee erhöhte sich ihr Herzschlag. Das Gedränge im Bus und die schlechte Luft verursachten das Gefühl von Atemnot. Da Isabell dem Gedränge erstmal aber nicht entkommen konnte, entstand ein Gefühl von Panik, welches sie dem körperlichen Zustand zuschrieb: „Ich werde ersticken!“ Sie atmete schneller, was wiederum den Schwindel begünstigte und auf körperlicher Ebene tatsächlich zur Ohnmacht führen kann.

Kognitiv führte Isabell den körperlichen Zustand und die Panik auf die Situation im Bus zurück, sodass sie diesen bei erster Gelegenheit fluchtartig verließ.

Da sie den fehlerhaften Rückschluss zog, sie habe Panik aufgrund des Busfahrens entwickelt, wird sie dies in Zukunft vermeiden. Mit hoher Wahrscheinlichkeit wird sich die Panikstörung „verselbstständigen“ und Panikattacken treten zukünftig auch in anderen Situationen auf.

Eltern

Eltern können wenig helfen. Wichtig ist generell, dass die betroffene Person keine Situationen vermeidet. Hilfe kann nur professionell erfolgen.

Umgang im Unterricht

Auch im Umgang mit Schülerinnen und Schülern, die an Panikattacken leiden, gilt, dass Sie Ihren Unterricht nicht grundsätzlich ändern, sondern in entscheidenden Momenten auf den betroffenen Schüler angemessen reagieren müssen.

Lehrerverhalten

- Machen Sie sich bewusst, dass man an einer Panikattacke nicht sterben kann! Das Schlimmste, was passieren kann, ist, dass der betroffene Schüler in Ohnmacht fällt. Dies wird durch die zu schnelle Atmung während des Panikzustandes hervorgerufen.
- Halten Sie den Schüler dazu an, tief einzuatmen und mindestens doppelt so lange auszuatmen.
- Geben Sie ihm ggf. eine (kleine!) Plastiktüte, in die er atmen soll. Während der Panikattacke wird zu viel Sauerstoff aufgenommen und zu viel Kohlendioxid ausgeatmet. Dadurch können dann die roten Blutkörperchen nicht mehr genug Sauerstoff an die Zellen abgeben. Die Atmung in die Tüte bewirkt also eine Rückatmung von Kohlendioxid und Sauerstoff wird nicht zu viel aufgenommen.
- Lassen Sie den Schüler in Begleitung aus der Klasse gehen oder setzen Sie ihn ans geöffnete Fenster.
- Bitten Sie vielleicht schon im Vorfeld einen sozial-kompetenten Schüler oder eine Schülerin, im Falle eines Falles mit dem betroffenen Schüler den Raum zu verlassen. Das gibt allen in der Klasse Sicherheit.

Vorsorge treffen

- Besprechen Sie mit Ihrer Schulleitung das Vorgehen in einem solchen Fall. Vermutlich werden Sie, um sich abzusichern, einen Rettungswagen rufen, in der Regel kann eine regulierte Atmung schon den Rückgang der Panikattacke bewirken.
- Thematisieren Sie auch – nach Absprache mit dem betroffenen Schüler und dessen Eltern – in der Klasse eine angemessene Reaktion auf eine mögliche Panikattacke des betroffenen Schülers, um der Situation die Dramatik zu nehmen. Klären Sie die Klasse über die körperlichen Reaktionen auf.
- Vermeiden Sie, dass der betroffene Schüler nach einer überstandenen Panikattacke von der Klasse gehänselt und mit dem Vorfall aufgezogen wird.

Exkurs Angststörungen und Schulvermeidung

Schulverweigerung findet man bei ca. fünf Prozent der Kinder. Die Diagnose ist jedoch erstmal nicht zwingend eine psychiatrische. Hinter diesem Phänomen kann sich viel verstecken: entweder tatsächlich eine psychiatrische Erkrankung (Depression, Prüfungsangst, soziale Phobie, Störung des Sozialverhaltens) oder eben einfach eine dissoziale Entwicklung.

Eine Untersuchung von Berg et al. (1993) ergab, dass nur etwa die Hälfte der Kinder, die die Schule verweigern, eine psychische Störung aufweisen.

Mittlerweile gibt es an manchen Kinder- und Jugendpsychiatrien spezielle Ambulanzen für Schulverweigerer.

Beratungsangebote

- Schulpsychologische Beratungsstelle
- Sozialpädiatrisches Zentrum (SPZ)
- Kinder- und jugendpsychiatrische Ambulanzen
- Niedergelassene Kinder- und Jugendlichenpsychotherapeuten
- Niedergelassene Kinder- und Jugendlichenpsychiater

Literaturtipps

ESSAU, CECILIA A. (2003): Angst bei Kindern und Jugendlichen. UTB: Stuttgart

SCHMIDT-TRAUB, SIGRUN (2010): Selbsthilfe bei Angst im Kindes- und Jugendalter: Ratgeber für Kinder, Jugendliche, Eltern und Erzieher. 2. Auflage. Hogrefe: Göttingen

SCHNEIDER, SILVIA / BORER, SUSANNE (2008): Nur keine Panik! Was Kids über Angst wissen sollten. Karger: Freiburg

SCHULTE-MARKWORT, MICHAEL / RESCH, FRANZ (Hrsg.) (2013): Soziale Ängste und Schulangst: Entwicklungsrisiken erkennen und behandeln. Beltz: Weinheim

Literaturnachweise

BUTLER, A. / FRANKLIN, J. / HAYES, LUCAS C. / SIMS, R.: DSM II disorders social factors and management of school attendance problems in the normal population. Journal of child Psychology and Psychiatry 34, 1187-1203

SUHR-DACHS, LYDIA / DÖPFNER, MANFRED (2005): Leistungsängste. Therapieprogramm für Kinder und Jugendliche mit Angst- und Zwangsstörugen THAZ, Bd. 1. Hogrefe: Göttingen

12 Sonderpädagogische Förderschwerpunkte

Nur für einen kleinen Teil der Schülerschaft in der Bundesrepublik wurde ein sonderpädagogischer Unterstützungsbedarf diagnostiziert (Schuljahr 2010 / 2011: bundesweiter Durchschnitt 6,4 Prozent). Davon fällt der Großteil auf die Förderschwerpunkte „Lernen", „emotionale und soziale Entwicklung" sowie „Sprache".

Regional gelten unterschiedliche Maßnahmen

Die Studie „Inklusion in Deutschland – eine bildungsstatistische Analyse"[1] von Prof. Dr. Klaus Klemm im Auftrag der Bertelsmann-Stiftung hat die höchst unterschiedliche Quote der Kinder und Jugendlichen mit diesen Förderschwerpunkten in Bundesländern und Regionen innerhalb von Bundesländern aufgezeigt. Da es relativ unwahrscheinlich ist, dass es eine regionenbezogene Ungleichheit im Auftreten von Behinderung gibt, liegt der Verdacht nahe, dass offensichtlich regional unterschiedliche Maßstäbe bei der Festlegung gelten, welches Kind welchen sonderpädagogischen Unterstützungsbedarf benötigt. Auffällig ist zudem, dass im bundesweiten Durchschnitt vor allem Kinder mit Migrationshintergrund zu der Gruppe mit sonderpädagogischem Förderbedarf zählen.

Hier stellt sich die Frage, ob die eventuellen Schwierigkeiten in der deutschen Sprache nicht zu diesen Schlussfolgerungen führen? Im internationalen Vergleich fällt jedenfalls auf, dass es in vielen anderen EU-Ländern die Förderschwerpunkte „Lernen", „emotionale und soziale Entwicklung" und „Sprache" gar nicht gibt.

Unser Ratschlag lautet deshalb: Gehen Sie **unvoreingenommen** auf Schülerinnen und Schülern mit sonderpädagogischem Unterstützungsbedarf zu. Erfolgreich mit inklusiven Klassen zu arbeiten, setzt als Erstes die Bereitschaft von Lehrkräften voraus, sich auf diese Kinder und Jugendlichen einzulassen. Die Erfahrung von Schulen mit inklusiver Unterrichtstradition zeigt, dass so eine konstruktive Zusammenarbeit am besten gedeihen kann.

Für die Einbeziehung in den allgemeinen Unterricht gelten in den meisten Fällen dieselben Unterrichtsstrategien wie für andere Kinder und Jugendliche. Im inklusiven Unterricht müssen Sie damit beruhigenderweise nicht alles anders machen. Binnendifferenziert zu arbeiten ist allerdings Voraussetzung.

---

1 Klaus Klemm (2013): Inklusion in Deutschland – eine bildungspolitische Analyse. Bertelsmann Verlag: Gütersloh

Alles, was den Unterricht besser, einfacher, zielführender und nervenschonender für alle Beteiligten macht, gilt auch sonst für guten Unterricht (vgl. die Hinweise in den Kapiteln zum Classroom Management und zum Lernen). Inklusiver Unterricht setzt sich in weiten Teilen mit den gleichen Anforderungen auseinander wie anderer Unterricht, es muss allerdings ein noch größerer Wert auf Differenzierung der Lern- und Lebensproblematik der Kinder und Jugendlichen gelegt werden.

Sich allen Schülerinnen und Schülern möglichst unvoreingenommen nähern

Bei einigen Besonderheiten benötigt man als nicht sonderpädagogisch ausgebildete Lehrkraft Unterstützung: So müssen z. B. blinde Kinder mit der Braille-Schrift vertraut sein, die Kompetenzschulung in diesem Bereich wird von speziell ausgebildeten Lehrkräften übernommen. In solchen oder ähnlich gelagerten Fällen werden weiterhin Spezialisten zur Seite stehen.

Zielgleich unterrichten

Förderschwerpunkt „Sprache"

Schülerinnen und Schüler sind in ihren sprachlichen Handlungsfähigkeiten eingeschränkt, sie können nicht altersgemäß kommunizieren. Innerhalb des Unterrichts benötigen die Kinder Hilfestellungen. Sie müssen an eine Erweiterung ihrer sprachlichen Handlungsmöglichkeiten herangeführt werden, indem sie Sprache und Sprechen als Mittel und als Gegenstand sprachlichen Handelns nutzen.

Zusätzlich eingesetzte Sprachtherapeuten können verhindern, dass sich sprachliche Beeinträchtigungen beim Sprechen und Schreiben verfestigen, und ihnen vorbeugen. Damit kann vermieden werden, dass sich diese Beeinträchtigung stark auf andere Entwicklungs- und Lernbereiche auswirkt.

Förderschwerpunkt „Sehen"

Man unterscheidet blinde und sehgeschädigte Kinder und Jugendliche. Das Ausmaß der Schädigung wird individuell durch unterschiedliche Einflussfaktoren bestimmt, z. B. vom Alter beim Eintritt der Sehschädigung, von der Dauer ihres Bestehens, von der verbliebenen Sehfähigkeit und vom Selbstkonzept des Kindes oder Jugendlichen.

Im Unterricht muss Rücksicht genommen werden, wenn von den Schülerinnen und Schülern gedankliche Repräsentationen von Situationen oder Modellen verlangt werden, die visuelle Kenntnisse voraussetzen: Wenn in Mathematik Aufgaben nur zu lösen sind, wenn man räumliches Vorstellungsvermögen hat. Oder wenn im Fach Deutsch in einer Aufgabe verlangt wird, in einem Text Passagen wie beschriebene Blickkontakte zu deuten, die visuelle Wahrnehmung voraussetzen.

Inklusiv beschulte Schülerinnen und Schüler mit diesem Förderschwerpunkt werden auch in Zukunft Unterstützung von Sonderpädagoginnen oder -pädagogen bekommen, da sie auf technische Hilfen angewiesen sind und die Blindenschrift erlernen müssen.

Förderschwerpunkt „Hören"

Man unterscheidet hörgeschädigte und gehörlose Kinder und Jugendliche. Der früher gebräuchliche Begriff „taubstumm" wird mittlerweile als diskriminierend eingestuft und vermieden.

Die Kommunikationsmöglichkeiten in Bezug auf gesprochene Sprache sind stark oder gänzlich eingeschränkt. Für viele Kinder und Jugendliche ist die Gebärdensprache die Muttersprache, nicht die später erworbene Schriftsprache. Daher verfügen viele über einen eingeschränkten Wortschatz und unvollständige Kenntnisse grammatischer Formen und Satzstrukturen. Dies ist sowohl bei der Textrezeption als auch bei der Textproduktion im Unterricht zu berücksichtigen.

Auch hier gilt: Durch die Besonderheiten dieses Förderschwerpunktes werden diese Schülerinnen und Schüler weiterhin Unterstützung von Sonderpädagoginnen oder -pädagogen bekommen, weil sie z. B. ihre Kompetenz im Bereich der Gebärdensprache erweitern müssen.

Förderschwerpunkt „emotionale-soziale Entwicklung"

Schülerinnen und Schüler mit dem Förderschwerpunkt „emotionale-soziale Entwicklung" stehen dem Lernen und dem Zusammenleben in der Schule unmotiviert gegenüber. Sie nutzen oft ihre potentielle Leistungsfähigkeit nicht, weil sie schnell abzulenken und unkonzentriert sind. Die Schülerinnen und Schüler zeigen zeitweise Übereifer und spontane Arbeitsbereitschaft, resignieren jedoch oft ebenso schnell, sind mutlos und enttäuscht, erscheinen antriebsarm und gleichgültig und wehren pädagogische Interventionen ab; Motivation, Ausdauer, Lerntempo und Belastbarkeit unterliegen extremen Schwankungen.

Im Unterricht müssen motivationale Aspekte besonders berücksichtigt werden. Für den allgemeinen Umgang und die Integration in den Klassenverband sind die Grundsätze aus dem Classroom-Management-Kapitel und aus dem Kapitel „Störung des Sozialverhaltens" besonders zu beachten. Den individuellen Förderbedürfnissen jeder Schülerin und jeden Schülers muss besonders Rechnung getragen werden, nur so können die persönlichen Entwicklungsmöglichkeiten voll ausgeschöpft werden.

Förderschwerpunkt „körperliche und motorische Entwicklung" (je nach Behinderungsart auch zieldifferent)

Je nach Grad der körperlichen oder motorischen Beeinträchtigung ist es notwendig, technische Hilfsmittel wie Schreib- und Zeichenhilfen oder Computer bereitzustellen. Durch die Vielzahl von Besonderheiten dieses Förderschwerpunktes empfiehlt sich neben der Kooperation mit den Eltern ein intensiver Austausch mit den vorherigen Bildungsstätten des Kindes, um möglichst optimale Lernbedingungen für die jeweilige Einschränkung zu schaffen.

Zieldifferent unterrichten

Förderschwerpunkt „Lernen"

Schülerinnen und Schüler mit dem Förderschwerpunkt „Lernen" weisen erhebliche Beeinträchtigungen im Bereich der Lern- und Leistungsentwicklung auf. Sie bleiben – mindestens in Teilbereichen – unterhalb der Leistungen, die Kinder und Jugendliche gleichen Alters, gleicher Schulbildung und gleichen Intelligenzniveaus zeigen. Lang anhaltende Lernschwierigkeiten sind zumeist auf das Zusammenspiel von vielen Gründen zurückzuführen (Ausprägung der Lernbeeinträchtigungen, bisherige Förderung, familiäre Bedingungen, soziales Umfeld, weitere Auffälligkeiten). Für die Betroffenen führen ausbleibende Lernerfolge zu einer Verstärkung der Problematik: Ausgrenzung durch die Klasse, wenig Selbstwertgewühl, Stigmatisierung.

Förderschwerpunkt „geistige Entwicklung"

Kinder und Jugendliche mit dem Förderschwerpunkt „geistige Entwicklung" haben kein einheitliches Handicap. Oft benötigen sie besondere Hilfen bei der Entwicklung von Wahrnehmung, Sprache, Denken und Handeln. Dabei können sie sich durch Erziehung und Unterricht positiv weiterentwickeln. Im Unterricht müssen den individuellen Förderbedürfnissen jeder Schülerin und jeden Schülers besonders Rechnung getragen werden.

Literaturtipps

WWW kmk.org

Von 1996 bis 2000 hat die Kultusministerkonferenz Empfehlungen zu den einzelnen Förderschwerpunkten verabschiedet. Sie sind abrufbar unter: http: // www.kmk.org / → Bildung → allgemeine Bildung → Sonderpädagogische Förderung. Sie finden auf der Seite der KMK noch weitere Ausführungen zum Thema „Inklusive Bildung".

Bergeest, Harry / Boenisch, Jens / Daut, Volker (2011): Körperbehindertenpädagogik. Studium und Praxis im Förderschwerpunkt körperliche und motorische Entwicklung. UTB Verlag: Stuttgart

Borchert, Johann / Goetze, Herbert (2007): Handbuch Sonderpädagogik. Bd. 1: Sonderpädagogik der Sprache, Bd. 2: Sonderpädagogik des Lernens, Bd. 3: Sonderpädagogik der sozialen und emotionalen Entwicklung, Bd. 4: Sonderpädagogik der geistigen Entwicklung. Hogrefe Verlag: Göttingen

Heimlich, Ulrich / Franz B. Wember (2011): Didaktik des Unterrichts im Förderschwerpunkt Lernen. Ein Handbuch für Studium und Praxis. Kohlhammer: Stuttgart

Leonhardt, Annette (2009) (Hrsg.): Hörgeschädigte Schüler in der allgemeinen Schule. Theorie und Praxis der Integration. Kohlhammer Verlag: Stuttgart

Walthes, Renate (2014): Einführung in die Pädagogik bei Blindheit und Sehbeeinträchtigung mit 11 Tabellen und 22 Übungsaufgaben. Reinhardt Verlag: München

Kopiervorlagen

Kopiervorlage

KV 1: Punkteliste Tischgruppe

Klasse: ______________________

Zu unserer Tisch-WG gehören:

____

____

Woche vom ____________ bis ____________	**Pluspunkte** ☺	**Minuspunkte** ☹
Montag		
Dienstag		
Mittwoch		
Donnerstag		
Freitag		
Summe:		

Unsere Gruppe entscheidet in dieser Woche nach jeder Unterrichtsstunde gemeinsam, ob wir uns einen Plus- oder Minuspunkt geben. Dabei gilt:

- Jedes Gruppenmitglied kontrolliert, ob unsere Tisch-WG die vereinbarten Regeln einhält.
- Wenn alle Regeln eingehalten wurden, gibt es einen Pluspunkt für unsere ganze Tisch-WG.
- Einen Minuspunkt gibt es, wenn eine Regel in der Unterrichtsstunde verletzt wurde.

KV 2: Aufgabenliste „Viele Chefs“

A

Jede Schülerin und jeder Schüler muss eine Aufgabe übernehmen.
Trage deinen Namen hinter der Aufgabe ein, die du dir ausgesucht hast.
Du bist dann der „Chef“ oder die „Chefin“
und sorgst dafür, dass in diesem Bereich alles in Ordnung ist.

Diese Aufgabenliste gilt ab: ____________________ Klasse: ____________________

Nr.	Aufgabe	Name
1	Klassenbuch führen	
2	Kreide holen	
3	Blumen gießen	
4	Stühle hochstellen	
5	Klassenraum fegen	
6	Hausaufgaben anschreiben	
7	Geburtstagskalender führen und erinnern	
8	Vorhänge aufziehen	
9	Vorhänge zuziehen	
10	OHP auf- und abbauen	
11	Tafel wischen	
12	Klassenschrank aufräumen	
13	Geld einsammeln	

▶

KV 2: Aufgabenliste „Viele Chefs" B

14	Entschuldigungen einsammeln	
15	Waschbecken mit Seife und Handtuch versorgen	
16	Rucksäcke / Taschen ordnen, wenn sie vor der Klasse abgestellt werden müssen	
17	Klassenarbeitshefte austeilen	
18	Klassenarbeitshefte einsammeln	
19	Arbeitsmaterialien für ______________________ austeilen	
20	Arbeitsmaterialien für ____________________ einsammeln	
21	Informationen vom Vertretungsplan übermitteln	
22	Müll wegbringen	
23	Klassenbücherei betreuen	
24	Klassenball verwalten	
25	Uhrzeit ansagen	
26	Klassenlehrer / in an Dinge erinnern	
27	…	

Name: Klasse: Datum:

KV 3: Klassenklimakarte

Jeder hat pro Bereich einen Punkt. Mit diesem Punkt drückst du aus, wie zufrieden du in dem jeweiligen Bereich bist.

- sehr zufrieden = ganz nah am Smiley
- sehr unzufrieden = weit weg vom Smiley.

Wenn alle aus der Klasse ihre Punkte gesetzt haben, könnt ihr gemeinsam euer Klassenklima ablesen.

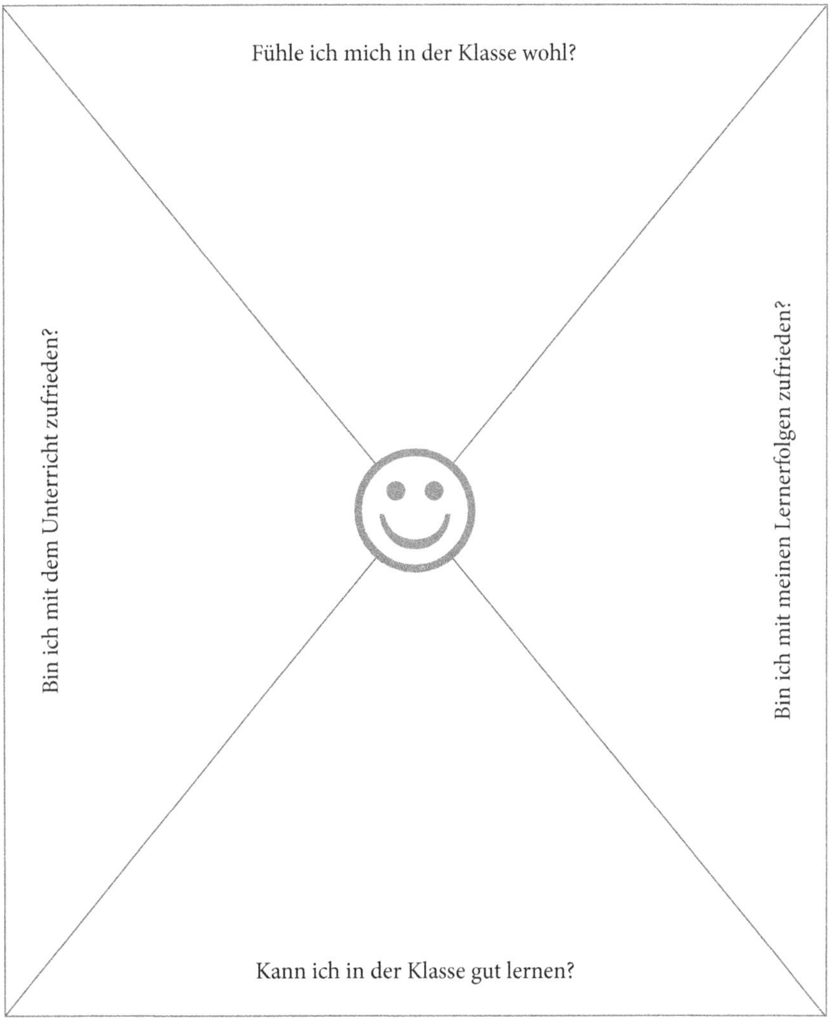

Kopiervorlage

KV 4: Selbstbeobachtungsbogen für Lehrkräfte

Kreuzen Sie an, was wie zutrifft:	**trifft zu**	**trifft eher zu**	**trifft eher nicht zu**	**trifft nicht zu**
Ich ermögliche allen Schülerinnen und Schülern, sich in die Klassengemeinschaft einzubringen.				
Die Klassenregeln habe ich gemeinsam mit allen Schülerinnen und Schülern festgelegt.				
Jeder Schüler und jede Schülerin übernimmt Verantwortung für die Klassengemeinschaft.				
Gegen Regelverstöße in der Klasse gehe ich konsequent vor.				
Ich strukturiere meinen Unterricht so, dass er allen Schülerinnen und Schülern gerecht wird.				
Ich halte auch bei größten Leistungsunterschieden für jeden ein angemessenes Lernangebot bereit.				
Ich leite die Schülerinnen und Schüler an, sich gegenseitig zu unterstützen.				
Ich führe mit jedem Schüler und jeder Schülerin regelmäßig Zweiaugengespräche.				
In der Klasse herrscht ein Klima, in dem sich alle wohl fühlen.				
Ich gebe meiner Klasse die Möglichkeit, Probleme offen anzusprechen.				
Wenn es in der Klasse unruhig und laut ist, bleibe ich ruhig, sachlich und gelassen.				
Ich lobe Schülerinnen und Schüler.				
Ich grenze Unterrichtsphasen mit akustischen Signalen, Visualisierungen etc. voneinander ab.				
Ich bin geduldig, wenn Schülerinnen oder Schüler Fehler machen.				
Ich achte bei Gruppenarbeiten darauf, dass Schüler mit unterschiedlichen Leistungsniveaus zusammenarbeiten.				
Ich bringe auch Schülerinnen / Schülern, die den Unterricht stören, Wertschätzung entgegen.				
Ich habe den Klassenraum entsprechend den Bedürfnissen meiner Klasse organisiert.				
Ich gebe Schülerinnen und Schülern individuelle Unterstützungshilfen.				
Ich spreche mit Kollegen und Kolleginnen ab, welche Regeln und Rituale in der Klasse gelten.				
Ich informiere Kollegen und Kolleginnen über Besonderheiten in meiner Klasse.				

Kopiervorlage

KV 5: Piktogramme für Unterrichtsphasen

Einzelarbeit

Partnerarbeit

Gruppenarbeit

Schreibaufgabe

Zuhörphase

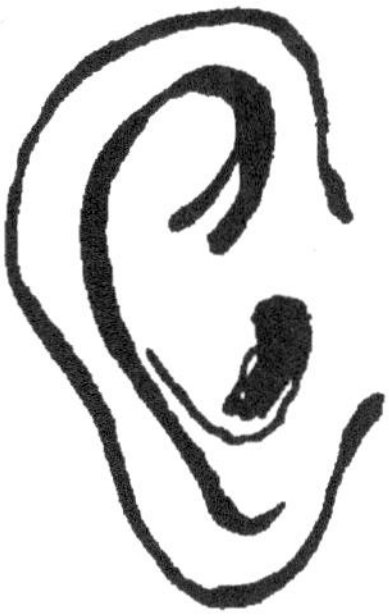

Ruhephase

Name: Klasse: Datum:

KV 6: Tagesbeurteilungsbogen Sozialverhalten

Mein Ziel für heute:

Hast du dein Ziel erreicht? Kreuze an.

Std	Fach	☺☺☺ **Du hast heute dein Ziel voll erreicht. Super!**	☺☺ **Du hast heute dein Ziel meist erreicht. Gut!**	☺ **Du hast dein Ziel heute nur manchmal erreicht. Probiere es morgen wieder.**	☹ **Du hast dein Ziel heute nicht erreicht! Streng dich morgen noch mehr an.**
1					
2					
3					
4					
5					
6					
7					
8					

Datum / Unterschrift der Eltern

KV 7: Lesepfeil

1. Schneide den Lesepfeil aus.
2. Klebe den ausgeschnittenen Lesepfeil auf ein Blatt Tonpapier, damit er verstärkt wird.
3. Jetzt schneide die Umrisse des verstärkten Lesepfeils genau aus.
4. Mit einem Cuttermesser trenne vorsichtig das innenliegende Rechteck heraus.
5. Jetzt kannst du den Lesepfeil auf die Zeile des Textes legen, die du gerade lesen willst.

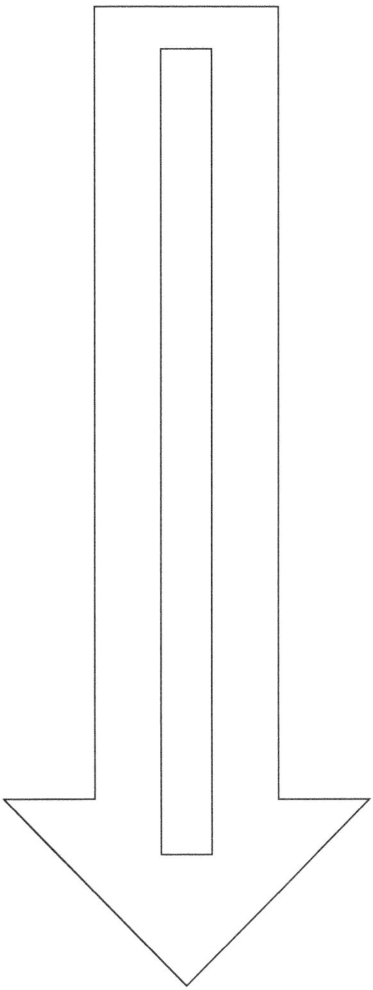

KV 8: Lesepass Variante I

Datum	Min.	Titel

LESEPASS
VON

____

Datum	Min.	Titel	Datum	Min.	Titel

→ Die Seiten werden geknickt, ineinandergelegt und dann wie eine Broschüre geheftet. Oben sind die Außenseiten, unten die Innenseiten.

KV 9: Lesepass Variante II

LESEPASS
VON

____

Titel: ______________________________

Autor: ______________________________

gelesen vom ______________ bis zum ______________

Ich finde das Buch ☐ gut ☐ nicht so gut ☐ schlecht, weil

____

____

1. Deckblatt und Seite ausschneiden.
2. Deckblatt mit Tonpapier verstärken.
3. Die Seite mehrmals kopieren.
4. Deckblatt und die Seiten lochen.
5. Mit Heftstreifen zusammenhalten.

Name: Klasse: Datum:

KV 10: Protokollbogen Elterngespräch zu LRS

Seit wann bestehen die Probleme beim Schreiben und Lesen?

Liest Ihr Kind zu Hause?

Hat Ihr Kind Konzentrationsschwierigkeiten?

Ist Ihr Kind auf LRS getestet worden? Wann?

Hat Ihr Kind bisher eine LRS-Förderung erhalten? Wo?

Üben Sie mit Ihrem Kind zu Hause Schreiben und Lesen?

Haben seine Geschwister auch Probleme beim Lesen und Schreiben?

Hat Ihr Kind Angst in der Schule wegen seiner Probleme beim Schreiben und Lesen?

Sonstiges:

KV 11: Notfallplan Suizidalität

Ein Schüler äußert sich suizidal.
Lassen Sie ihn nicht mehr unbeaufsichtigt!

Information an Schulleitung,
Tel.: (evtl. Handy privat) ____________________

Schulpsychologe Tel.: ____________________

Eltern Tel.: ____________________

Besprechen Sie mit den Eltern, dass diese unverzüglich zur Schule kommen und ihr Kind in der zuständigen Kinder- und Jugendpsychiatrie vorstellen müssen.
Sollte sich das Kind bereits in psychiatrischer/psychotherapeutischer Behandlung befinden, sollten die Eltern erst einmal Kontakt mit dem Behandler aufnehmen und mit diesem das weitere Vorgehen besprechen.

1. Sollten die Eltern dies ablehnen, informieren Sie sie, dass Sie dann gezwungen sind, die Polizei einzuschalten, um das Kind in der Klinik vorzustellen.

2. Holen die Eltern ihr Kind ab, lassen Sie sich unterschreiben, dass Sie den Eltern aufgrund der suizidalen Äußerungen dringend angeraten haben, es in der Klinik vorzustellen, um sich abzusichern. Es obliegt nun der Verantwortung der Eltern, das Kind in der Klinik vorzustellen.

3. Sind die Eltern nicht erreichbar, verständigen Sie die Polizei, schildern die Situation und bitten um Hilfe. Diese wird Ihnen weitere Anweisungen geben, z. B. ob die Feuerwehr oder ein Rettungswagen hinzuzuziehen ist.

Tragen Sie hier die für Sie geltenden Telefonnummern und Adressen ein:

Kinder- und Jugendpsychiatrie: ____________________

____

Polizeibehörde (nicht die 110): ____________________

____

Kopiervorlage

KV 12: Angstthermometer

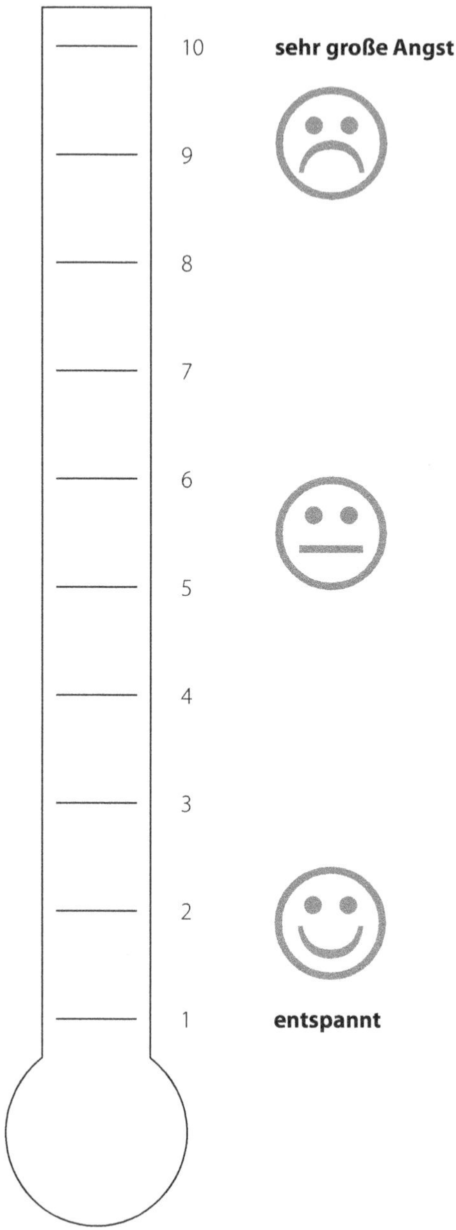

KV 13: Wechselatmung

- Setze dich bequem auf deinem Stuhl hin.
  Lege deinen rechten Daumen auf den rechten Nasenflügel
  und deinen kleinen Finger auf den linken Nasenflügel.

- Atme nun einmal tief ein und wieder aus.
  Halte dein rechtes Nasenloch mit dem Daumen zu
  und atme durch dein linkes Nasenloch ein.
  Zähle dabei bis fünf.

- Halte beide Nasenlöcher zu und halte den Atem an,
  während du bis fünf zählst.

- Löse bei fünf den Daumen vom rechten Nasenloch
  und atme durch das rechte Nasenloch aus.

- Atme durch das rechte Nasenloch ein und halte den Atem an.
  Halte dann das rechte Nasenloch mit dem Daumen zu
  und atme durch das linke Nasenloch aus.

- Atme dann durch das linke Nasenloch ein
  und halte es mit dem kleinen Finger zu.
  Atme jetzt durch das rechte Nasenloch aus.

- Wiederhole diesen Atemzyklus viermal.

Klasse: Datum:

KV 14: Feedback zum Lehrerverhalten

Die Lehrerin / der Lehrer	trifft zu	trifft eher zu	trifft eher nicht zu	trifft nicht zu
redet freundlich mit der Klasse.				
zeigt Verständnis für die Schüler.				
ist hilfsbereit.				
hat Geduld.				
ist fair und gerecht.				
behandelt Jungen und Mädchen gleich.				
lobt die Schüler auch.				
hört bei Problemen zu.				
gibt bei Fehlern Tipps.				
hat klare Regeln.				
kann gut erklären.				
unterrichtet gern in der Klasse.				
kann eigene Fehler zugeben.				
möchte, dass ich etwas lerne.				
möchte, dass ich besser werde.				
kann auch streng sein.				
schreit oder schimpft laut.				
kann sich durchsetzen.				
redet zu viel.				
greift bei Streitigkeiten ein.				
gibt zu viele Hausaufgaben auf.				
stellt zu schwierige Aufgaben.				
bereitet Klassenarbeiten gut vor.				
ist gut organisiert.				
wird schnell sauer.				

- Kreuze an, was zu deiner Meinung passt.
- Unten kannst du noch eigene Beobachtungen ergänzen.
- Schreibe NICHT deinen Namen auf dieses Blatt. Die Befragung ist anonym!

Kopiervorlage

KV 15: Aufgabenverteilung zwischen Lehrkräften

Schulwoche vom ________________ bis ________________ Klasse: ______________

Fach: ____

Aufgabenbereich	Lehrkraft 1 (hier Namen ergänzen):	Lehrkraft 2 (hier Namen ergänzen):
Unterrichtsplanung		
Unterrichtsdurchführung		
Betreuung einzelner Schüler		
Organisatorisches für den Unterricht		
Organisatorisches außerhalb des Unterrichts		
Schülergespräch		
Elterngespräch		
Disziplinarische Maßnahmen		
Unterrichtsreflexion		

Kopiervorlage

KV 16: Schülerblatt für die Klassenakte

Klasse: ____________

Name der Schülerin / des Schülers: ____________________________________

Adresse: ____

Telefonnummer bei Notfällen: ____________________________________

Gesprächstermine:

Datum	Mit wem?	Warum?	Vereinbarung

Förderung:

Maßnahme	Bis wann?	Beteiligte

Besonders beachten:

KV 17: Beobachtungsbogen Schülerverhalten

Name der Schülerin / des Schülers: ______________________________

Klasse: ______________ Fach: ______________________________

Datum / Std: ______________ Vorherige Beobachtung: ja, am ______________, ❑ nein

Verhalten vor Beginn der Unterrichtsstunde:

Verhalten während der Arbeitsphase ❑ Einzelarbeit ❑ Partnerarbeit ❑ Gruppenarbeit

Verhalten im Plenum:

Verhalten nach der Unterrichtsstunde:

Reaktion auf Mitschüler:

Reaktion auf mich als Lehrkraft:

Besondere Vorfälle:

Register

A

B

C

D

E